불세출, 그 첫 10년의 생존기

진인진

출판에 도움을 주신 분들

강현숙　경은아　공제욱　권민경　김경준　김도영　김민근　김선정　김연수　김영민　김영실　김종훈　김주연　김지인　김혜숙

김홍국　나병철　민현준　박성희　박진열　성은영　안명주　안명화　양성민　왕규헌　유용욱　윤태정　이경희　이규희　이성희

이영미　이영안　이용일　이　은　이정은　이종철　이주연　이지영　장미숙　장은정　장재영　정근식　정봉찬　정성훈　정의균

정의효　정일준　정현식　정혜영　정희정　조　민　조은혜　최병철　최　욱　한현우　홍성태

불세출, 그 첫 10년의 생존기

초판 1쇄 발행 | 2017년 6월 11일

엮　　음 | 불세출 창단 10주년 기념 사업회 (회장: 최욱)

발행인 | 김영진
발행처 | 진인진
편　　집 | 김태진
교　　정 | 김지인, 정의효, 최덕렬
디자인 | 배원일
등　　록 | 제25100-2005-000003호
주　　소 | 경기도 과천시 별양상가 1로 18, 614호(별양동 과천오피스텔)
전　　화 | 02-507-3077~8
팩　　스 | 02-507-3079
홈페이지 | http://www.zininzin.co.kr
이메일 | pub@zininzin.co.kr

ⓒ 진인진 2017
ISBN 978-89-6347-332-1　03670

책을 내며

『불세출, 그 첫 10년의 생존기』를 세상에 내 놓습니다.

창작 국악이라는 분야에서 불세출이라는 이름으로 10년동안 꾸준히 활동해 온 여덟 명의 젊은이들을 격려하면서, 그동안 지내왔던 이야기들을 엮어 소개하는 작은 책입니다.

『불세출, 그 첫 10년의 생존기』를 기획하는 과정에서 여러 가지 아이디어와 의견들이 제시되고 논의되었는데, 최종적으로 두 가지 방향성이 정해졌습니다. 첫째, 폭넓게 향유되지 못하고 있는 우리 전통음악 국악을 좀 더 친근하게 접근할 수 있도록 안내하는 책이 되도록 하자는 것이었고, 둘째, 불세출의 음악 세계에 대한 소개와 같은 전문적인 내용 보다는 단원들이 '국악' 분야에 종사하는 생활인의 모습과 성장과정에 초점을 맞추어 일반인의 눈높이에 맞게 소개하자는 것이었습니다. 이러한 맥락에서 여덟 명의 단원들마다 개인 인터뷰가 진행되었고, 각자의 스케줄로 바쁜 단원들이 함께 모여 좌담회를 개최하기도 했습니다. 단원들은 개인적으로 보관하고 있던 여러 형태의 자료들을 다시 꺼내 정리해 보기도 하고, 자신의 느낌을 글로 적어 보기도 하면서 책 만드는 작업에 직접적으로 참여하기도 했습니다.

『불세출, 그 첫 10년의 생존기』 발간은 많은 분들의 도움으로 이루어졌습니다. 불나비 이경희 회장님과 김민근 부회장님을 비롯한 100여 명의 회원들은 매월 후원회비와 공연 관람 등 1년간 불세출 활동에 든든한 배경이 되어주었습니다. 불나비의 김지인 총무님은『불세출, 그 첫 10년의 생존기』제작을 위한 굳은 일을 도맡아주셨습니다. 진인진의 김태진 부장님은 이 책의 기획과 편집을 진행하였습니다. 음악평론가 송현민님은 불세출의 현대국악사적 의미와 국악상식에 대한 귀한 원고를 작성해주셨을 뿐만 아니라, 회고 좌담회 진행 및 정리를 맡아주셨습니다. 주효준 일러스트레이터는 깔끔한 불세출 로고와 단정한 캐릭터를 만들어 주셨습니다. 나승열 작가님은 공연 중 촬영한 사진을 기꺼이 제공해주셨고, 김진호 작가님은 프로필 사진을 『불세출, 그 첫 10년의 생존기』에 게재토록 허락해주셨습니다.

불세출과 불나비 그리고 책을 만드는 데 도움을 주신 모든 분들께 감사의 말씀을 드립니다.

우리 전통음악이라는 어려운 분야에서 분투하며 10년의 세월을 이어온 여덟 명 젊은이들의 이야기가 같은 시대를 살아가는 시민들에게 많은 공감과 위안을 줄 수 있으면 좋겠다는 것이 책을 내는 사람의 바람입니다. 또한 우리의 문화적 유전자 안에 깊이 감추어져 있으면서도 일상에서 왠지 접하기 어려운 우리 전통음악, 국악에 한 발 가까이 다가가는 계기로 『불세출, 그 첫 10년의 생존기』가 널리 읽히기를 희망합니다.

2017년 5월 과천에서
발행인 김영진

국악계에서 불세출 현상의 의의

송현민(음악평론가)

창작국악의 60년, 불세출의 10년

국악은 늘 새롭게 태어나고 있는데, 이러한 음악을 대개 '창작국악'이라 부른다. 음악평론가 송혜진은 창작국악을 '현대국악'이라 명명한다.[1] 현대국악이란 '국악 하는 사람들'에 의한 전통적 음악 외에 이들이 벌이고 있는 다종다양한 음악 시도들, 그리고 각기 다른 음악적 배경을 가진 이들이 국악의 음악요소, 국악기와 전통 성악의 표현법을 빌어 탄생시키는 모든 창작과 연주를 폭넓게 수렴하는 '열린 개념'의 음악을 뜻한다.

　　이러한 흐름이 두터워지면서 '음악가=음악'이라는 도식도 짙어졌다. 과거에 음악가란 연주만을 일삼은 이였다. 그들은 전래되는 전통음악을 연주함으로써 예술가의 정체성을 견지했다. 반면 지금은 달라졌다. 아니, 위에서 예로 든 현대국악에서는 연주자가 자신이 연주할 음악을 직접 만들기도 한다. 이 글에서 살펴볼 그룹 불세출도 후자에 속한다.

창작국악의 역사 – 1950년대부터 2000년대까지

최초의 '창작국악' 작품은 국악창작의 개척자로 일컬어지는 김기수(1917~1986)의 「황화만년지곡」(1939년)이다. 이 곡은 국립국악원의 전신인 이왕직아악부[2]가 일본 기원 2600주년을 기념하기 위해 계획한 신곡(新曲)공모에서 당선된 곡이다. 일제의 지배가 영원하기를 기원하

1　송혜진, "현대국악, 그 원형성과 변화·생성,"『한국음악문화연구』(서울: 한국음악문화학회), 제16집.

2　이왕직아악부의 이왕직(李王職)이란 일제 강점기 이왕가(李王家)와 관련한 사무 일체를 담당하던 기구를 뜻한다. 이왕직은 1910년 망국과 함께 대한제국황실이 이왕가로 격하됨에 따라 기존의 황실업무를 담당하던 궁내부를 계승하여 설치되었다. 조선총독부가 아닌 일본의 궁내성에 소속된 기구였다. 이왕직아악부는 이왕직에 소속되어 음악 관련 업무를 맡았던 곳으로, 조선시대 궁중 의례에서 음악과 무용을 담당했던 장악원(掌樂院)을 계승한 것이었다. 왕실의 제사와 잔치에서 악무를 공연하는 것이 본연의 업무였고, 이외 외부 공연과 라디오 방송, 음반 등을 하기도 했다. 광복 직전까지 종묘·문묘 제향에 제례악을 연주하고, 아악생 양성·아악 방송·악서 및 악보 편찬·악기 제작 등의 활동을 계속하였다. 이왕직아악부의 전통은 현 국립국악원이 이어받고 있다.

이왕직아악부 관악합주 장면

정간보(세종실록악보)

는 이능화[3]의 시를 가사로 하고 있다. 김기수는 정통국악의 악보인 정간보[4]가 아닌 서양식의 오선보와 서양식 화음, 서양식 지휘자의 도입을 통해 서양음악의 근대성을 국악의 기반 위에 재현시키고자 했다.

이러한 창작국악의 시대는 어떻게 전개되어 왔을까? 창작국악은 1960년대부터 활성화되기 시작했다. 박정희 정권이 추진한 조국근대화 과업의 일환으로서의 창작국악은 민족중흥이라는 정권의 요구와 효과적으로 부합했다.

이 시기, 창작국악은 국립국악원과 서울대학교 국악과에 의해 주도되었다. 1962년 국립국악원은 5·16 혁명 1주년을 기념하는 '신국악작품공모'를 실시하였고, 이때 많은 국악작곡가들이 배출되었다. 이는 1968년까지 계속되었다.

1959년에 설립된 서울대학교 국악과는 서구식 음대 체제에 따라 설계되어 이전에 행해지던 구전심수(口傳心授)식 교육이 아니라, 악보를 보고 연주하는 방식에 맞추어 교육을 진행했다. 이는 연주자들의 즉흥능력을 떨어뜨리는 결과를 초래하기도 했다. 신국악이라 불리던 새로운 국악의 보급은 이전 시대처럼 즉흥적 창작이 아닌, 개인(작곡가)에 의해 작곡된 창작품에 의존하지 않을 수 없었다.

창작국악은 국악교육을 대학제도에 수용하며 초래된 필연의 결과였고, 이는 박정희 정권의 근대화 이데올로기와 맞물리며 성장가도에 들어섰다. 대학에서 국악작곡을 전공한 졸업생들이 배출되며 국악계에는 연주와 작곡이 분리된 서양식 공연예술이 자리 잡기 시작했다. 국악예술학교(현 국립전통예술중고등학교)의 국악

---

3 1869년 1월 19일 충청도 괴산에서 출생했다. 대한제국기에 한성법어학교 교장을 지냈으며, 일제강점기에 능인보통학교 교장, 조선불교회 상무이사, 조선사편수회 위원 등으로 활동하였다. 1943년 4월 12일 사망했다. 일제강점기 이능화의 활동은 「일제강점하 반민족행위 진상규명에 관한 특별법」 제2조 제19·20호에 해당하는 친일반민족행위로 규정되어 『친일반민족행위진상규명 보고서』 Ⅳ-12: 친일반민족행위자 결정이유서(pp.257~295)에 관련 행적이 상세하게 채록되어 있다.

4 조선 세종이 음의 길이를 알 수 있게 창안한 악보이다. '우물 정(井)'자 모양으로 칸을 그려놓고, 한 칸을 1박으로 쳐서 음의 길이를 알 수 있게 했으며, 음의 높낮이를 알 수 있는 음계의 명칭을 적어 넣는다. 지금은 서양에서 전래된 오선(五線) 위에 도·레·미·파·솔·라·시·도의 음계를 그려 넣었고, 서양음악을 전공으로 하는 이들만 사용했지만 근래에 창작국악은 오선보를 사용하는 경우가 대부분이다.

1965년 서울시립국악관현악단 창단 사진

1967년 국악사양성소 준공 기념연주회

인들도 최초의 국악관현악단인 서울시립국악관현악단(1965년 창단)을 통해 활발한 창작활동을 전개해 나갔다.

　국립국악원은 1974년부터 창작국악곡들만 올리는 '한국음악창작발표회'를 개최하며 창작 사업을 더욱 적극적으로 추진하였다. 또한 1977년에 제정된 대한민국작곡상은 국악 작곡가들의 창작의욕을 북돋우는 계기가 되기도 했다.

　1980년대 창작국악은 민족문화창달을 문화정책의 기조로 삼았던 5공화국의 출범과 함께 했다. 많은 대학에 국악과가 신설됐고, 지방에 시립 국악관현악단들이 대거 창단되었다. 이른바 관현악 작품의 황금기였다. 한편 1980년대 후반 민주화의 열기는 대학에 민중운동으로서의 국악문화를 일으켰고, 이러한 시대적 변화와 함께 국악계도 창작국악의 정체성에 대해 본격적으로 고민하기 시작했다.

　1990년대부터 창작국악은 실내악 중심으로 전개되었다. 소비지향의 신자유주의 및 세계화 물결과 동반해 국악의 대중화, 생활화, 상품화가 표방되었다. 1996년에는 KBS 대학국악제와 국악작곡축제가 열렸다.

　2000년대에는 국악방송의 개국으로 창작음악의 육성과 보급이 더욱 활발해졌다. 2004년에는 창작음악만을 전문으로 연주하는 국립국악원 창작악단이 출범하기도 했다. 또한 국악과 타 장르 간의 교섭과 퓨전 행위가 가속화되었고, 음악가들이 연주로만 자신의 영역을 국한시키지 않고 창작 행위를 동시에 진행하기도 했다. 작곡가의 학습배경과 출신에 따른 국악작곡과 양악작곡의 분리와 그 당위성도 모호해졌다. 이러한 시기를 배경으로 2007년 국악방송과 문화체육관광부가 추진하기 시작한 '21C 한국음악프로젝트', 2008년부터 시작된 북촌창우극장과 문화체육관광부의 '천차만별 콘서트'는 최근 국악창작의 이러한 혼종성(Hybridity)[5]을 잘 반영하고 있다.

---

[5]　서로 다른 문화가 뒤섞여 다양한 정체성과 국적성을 가진 문화를 의미한다. 어느 한 나라의 문화가 주변국으로 전파될 때 주변국의 고유한 지역문화와 결합되어, 원래의 문화와 다른 새로운 문화 현상을 보이는 것도 해당된다. 문화의 혼종성에 대해 두 가지 주장이 있다. 첫째는 문화의 세계화 과정에서 자연스럽게 발생하는 것이라는 주장, 둘째는 초국가 미디어 기업들이 자신들의 문화를 세계로 확산시키기 위해 의도된 전략에 따라 만들어낸 것이라는 주장이 있다. 여기서는 서양음악과 한국음악과의 관계를 생각하면 된다.

창작국악의 이분화 현상

예전에 국악계가 정통국악과 창작국악으로 이분화되었
다면, 현재는 삼분화되었다고 볼 수 있겠다.

먼저 전승·계승되는 정통국악이 그 한 축이다.
그리고 기존의 창작국악이 이분화되며 삼분화의 구도
가 만들어졌는데, 1950년대부터 시작된 창작국악의 흐
름에 몸담고 있는 이들이 한 축을 이루고, 다른 하나는
1990년대부터 시작된 창작국악의 변화를 바탕으로 음
악활동을 하는 이들을 일컫는다. 거칠게 말하면, 전자
는 국악원이나 국립국악관현악단의 관제(官制)적 성격
을 띠고 있는 음악단체를 예로 들 수 있겠고, 후자는 이
글에서 논할 불세출처럼 자신들만의 음악을 생산하며

자발적으로 생존하고 있는 음악가와 단체들로 볼 수 있
겠다.

한국예술종합학교 전통예술원과 국악계의 취업난

앞서 살펴보았던 1990년대와 2000년대의 흐름-소비지
향의 신자유주의, 세계화 물결, 대중화, 생활화, 상품화, 국악과 타 장
르 간의 교섭, 퓨전 행위, 혼종성 등-은 국악인들이 최종적으
로 거치는 교육과정인 대학에 많은 영향을 주었다. 불
세출의 시작도 사회가 아니라 그들이 재학하던 대학에
서 시작되었다는 점에서 이들의 시원과 출발점을 따질
때 1998년에 개원한 한국예술종합학교 전통예술원의
배경을 조금이나마 들여다볼 필요가 있다.

개원 후 한국예술종합학교 전통예술원의 학풍은
꽤나 남달랐다. 1993년, 서양의 클래식 음악을 가르치
는 음악원 개원 전부터 실기 중심의 전문예술교육기관
으로 소문이 났었고, 1994년 연극원, 1995년 영상원,
1996년 무용원, 1997년 미술원, 그리고 1998년 전통예
술원을 차례로 개원하면서 예술학도들이 서울대학교,
이화여자대학교, 홍익대학교, 중앙대학교로 향하던 발

한국예술종합학교 전통예술원(2017년 5월)

걸음을 이 학교로 돌리는 일이 다반사였다.

　나름 천재기를 지니고 도발적 실험을 일삼던 전통예술원 학생들은 기존 국악계로의 진출에 미련을 두지 않았다. 여기에는 자의 반, 타의 반의 이유가 있었다. 일단 졸업 후에 입단하고자 했던 국립이나 시립 국악단체는 더 이상 단원을 선발하지 않을 정도로 포화상태와 철밥통의 직장이 되어 있었기에 이들에게 입단의 기회를 제공하지 않았다. 한편, 다른 대학에 비해 교과과정이나 학습 환경이 남달랐던 전통예술원의 학생들은 재학 중에 워크숍 수업을 위해 만들었던 임시적인 앙상블과 단체 활동을 발전시키며 더 이상 발 디딜 곳 없는 국악계 '너머'라는 처녀지(處女地)에 눈독을 들였다. 취업난에 직면한 청년세대의 문제, 음악가 이전에 생활인으로서의 호구지책으로서의 음악, 음악가로서의 자기만의 음악적 정체성 찾기 등이 복합화된 상태였던 것이다.

여기에 젊은 국악인들을 대상으로 한 공모전이 불을 지핀다. 대표적인 예가 앞서 이야기했던 국악방송의 '21C 한국음악프로젝트'였다. 자신이 배운 실기를 얼마나 잘 하는지에 따라 우승과 입상이 좌우되는 동아국악콩쿠르나 국립국악원 온나라경연대회보다 '창작국악경연대회'의 성격이 강했던 등단문으로 젊은 피들이 몰렸던 때가 2000년대 후반이었고, 결국 불세출도 2007년 한국음악프로젝트에서 21C 아리랑상을 받으면서 두각을 나타내었다.

불세출만의 음악 만들기, 그 의미와 의의

근래에 창작국악의 진영은 작곡과 연주를 겸하는 음악가와 음악그룹(앙상블)이 이끌어나가고 있다. 가야금의 박순아·박경소·이준·주보라, 가야금과 노래를 함께하는 정민아·이정표, 거문고의 허윤정·박우재, 해금의 강은일·꽃별·이승희·김용하·조혜령·노은아, 아쟁의 신현식·윤나금, 피리의 원일·곽재혁·진윤경, 피리·태평소·생황을 겸하는 가민·김효영, 대금(겸 소금)의 이영섭·한충은·이아람, 퉁소의 최민·김동근, 타악의 장재효·조종훈·고명진·김인수 등이 여기에 속한다. 이들은 개별 연주와 더불어 적게는 1~2개, 많게는 3~4개의 그룹에 발을 걸쳐 활동하고 있기도 하다. 이들의 특징은 놀라운 속도로 이합집산하며 자신만의 프로젝트를 세우고 실행한다는 점이다.

창단 10주년을 맞은 2017년 불세출의 여덟 명의 단원도 위와 같은 움직임에 발을 맞추며 나가고 있다. 불세출은 이준(가야금), 전우석(거문고), 김진욱(대금), 박제헌(아쟁), 박계전(피리·태평소·생황), 김용하(해금), 최덕렬(기타·작곡), 배정찬(장구, 소리)으로 구성되었다.

창단 초반에 엘리트 교육을 수혜한 남성 연주자로만 구성되었다는 점에서 세간의 주목을 끌었고, 지금은 각자의 손이 꺼내 놓는 음표를 다루는 남성 특유의 힘이 그들의 특징 중 하나로 자리 잡았다.

그런 그들은 음악을 만들어 세상에 내놓는 속도가 느리다. 위에서 예로 든 음악가들에 비하면 더욱더 그렇다. 그런데, 만약 여덟 명의 단원 중 한 명의 작곡가가 쓴 악보를 단원들이 나눠 갖고 음악의 합(合)을 이룬다면 이들이 나아가는 속도는 지금보다 훨씬 빠를 것이다. 하지만 그들은 그렇게 하지 않는다. 왜일까? 이들이 음악을 세상(世)에 내놓는(出) 과정을 살펴보자.

여덟 명의 주자들은 같은 시간 같은 공간에 모인다. 이들에게 음악의 조립을 위한 '설명서(=악보)'는 존재하지 않는다. 다만 체화되고 손끝에 매달려 있는 음악의 일부와 파편들을 한자리에 꺼내놓을 뿐이다. 그

것은 산조거나, 시나위의 일부이거나, 궁중음악이거나 아니면 '국악'으로 포섭되지 않은, 혹은 '국악'이 한 번도 되어본 적 없는 음악, 소리, 음향들이다. 그리고 그것을 하나둘씩 조립해 간다. 어떤 소리와 선율은 과감히 취하고, 취하는 만큼 버리기도 한다. 그 풍경이란 설명서 없이, 오직 자신의 상상력만으로 조립과 결구의 즐거움을 느끼며 레고놀이를 하는 천진한 아이를 떠올리게 한다.

이 과정에서 그들은 국악이 근현대 시공간 속에서 잃어버린 '국악적 특색'을 복원시키기도 한다. 그들이 악보를 보고 연주하는 방식에 맞추어 교육을 받아온 세대라고 할지라도 국악이라 하면 중요시되는 즉흥성을 토대로 음악을 빚는다.

음악을 빚는 속도가 느릴 수밖에 없는 이유도 여기에 있을 것이다. 다양한 악기만큼 제각각의 성격을 지닌 단원들이 모였을 때 일어날 수밖에 없는 우연과 변수, 추돌과 충돌의 과정을 겪고, 그것을 음악적으로 제련하며 음악을 만들어가기 때문이다.

때로는 완성된 음악이 어떤 악기의 일격과 일침으로 부수어지기도 하고 그 잔재 속에서 새로운 음악을 다시 일으켜 세우기도 한다. 이러한 흐름이 곧 이들이 음악을 빚는 방법론이다. 그러는 가운데 다양한 음악과 소리의 표정들이 태생지의 꼬리표를 떼고 혼란스럽게 모인다.

불세출이 지나온 시간이 10년이 되었다. 이를 계기로 단원 전원과 함께 '걸어온 길'을 진지하게 돌아보는 시간도 가졌다. 그 반성의 시간은 오늘날에 활발히 움직이는 창작국악계를 돌아보는 작업이기도 했다.

　창작국악은 활발히 진행되고 있다. 하지만 그 '활기'와 '활력'을 장기적인 에너지로 전환하여 걷고 있는 앙상블은 보기 드물다. '너의 음악'과 '나의 음악'이 만나 '우리의 음악'을 만드는 시간도 짧고, 그 짧은 시간만큼 이산과 해산도 순식간에 이뤄진다.

　앞서 불세출이 세상(世)에 나오는(出) 과정과 시간이 느리다고 했다. 그들은 국악이 빨리 걸어오느라 미처 지나쳐온 미답의 영역을 다시 찾아가보고, 또 잃어버린 즉흥성 등을 챙기며 걸어왔다. 앞으로도 그럴 것이다. 그래서 그들의 느린 걸음이 도달해 있을 10년 뒤의 모습이 궁금해진다.

　그런데, 1950년대부터 본격적으로 시작된 창작국악 60년을 돌아보고, 그 속에 불세출의 '10년'에 대한 의미부여적 글쓰기가 끝나는 지금 나의 머리 속에는 하나의 생각뿐이다. 지금 창작국악계에 필요한 것은 수많은 음악을 설익힌 채 빠르게 쏟아내는 신속함보다는 조금은 더딘 느림의 미학이 아닐까라는 것이다. 진지함. 무거움. 그리고 깊이. 하여, 그들의 느렸던 움직임에 '긍정적 게으름'이라는 말을 붙여본다.

불세출, 그 10년의 이야기

ⓒ 나승열

연혁

2006년 창단 공연 / 한국예술종합학교

2007년 21C 한국음악프로젝트 아리랑상 수상

　　　월드뮤직필름페스티벌 축하공연 / 선재아트센터

2008년 하늘의 소리 땅의 소리 〈한반도의 토속 민요〉 작곡 및 연주

　　　북촌창우극장 천차만별 콘서트 대상 수상

　　　24시간 논스톱 국악콘서트 〈밤도 낮도 들썩들썩〉 폐막 초청 공연

　　　국악방송 Korea 21C Here&Now 초청 공연 / 미국 뉴욕

2009년 월간 객석 '올해의 유망주 10인' 선정

　　　덕수궁 고궁 공연 〈국악, 활개 펴다!〉 공연

　　　제7회 〈하늘의 소리 땅의 소리〉 정기연주 공연 / 국립국악원

　　　북촌창우극장 천차만별 콘서트 개막 초청 공연

　　　서울아트마켓 PAMS Choice 선정 〈불세출, 풍류도시를 걷다〉 쇼케이스

2010년 아르코초이스 선정작 극단 동 〈비밀경찰〉 작곡 및 출연

　　　제8회 〈하늘의 소리 땅의 소리〉 정기연주회 공연 / 국립국악원 우면당

2011년 MBC '우리 가락 우리 문화' 출연

　　　극단 동 〈샘플 054씨 외 3인〉 작곡 및 출연

　　　예술경영지원센터 해외통합홍보물 'Into The Light IV' 앨범 제작 참여

　　　서울국제공연예술제 선정작 극단 동 〈비밀경찰〉 공연

　　　전주세계소리축제 소리프론티어 대상 수상

2012년 서종사람들 우리 동네 음악회 초청 공연

　　　국립민속박물관 토요상설공연 〈불세출과 함께 하는 풍류도시〉 공연

　　　무형문화재 57호 경기민요 정기공연 〈나는 소리꾼 앵비〉 작곡 및 공연

러시아 크라스노야르스크 국제음악페스티벌 초청 공연 (극단 동)

북촌창우극장 천차만별 콘서트 초청 공연

전주세계소리축제 초청 공연 / 소리문화의전당

2013년 명동 커먼플레이스 하우스콘서트 공연

서울문화재단 후원 〈우연의 음악〉 공연 / 문화역서울284 RTO

예술경영지원센터 해외통합홍보물 'Into The Light V' 앨범 제작 참여

서울역사박물관 〈박물관 춤추고 노래하다〉 공연

2014년 국립무용단 〈팜므파탈〉 1부 작곡 및 출연 / 국립극장 KB하늘극장

A Tapestry of Sacred Music Festival(종교음악축제) 초청 공연 / 싱가폴 에스플러네이드

인천문화재단 후원 플랫폼초이스 〈우연의 음악〉 공연 / 인천아트플랫폼

서울문화재단 후원 〈종로풍악방〉 공연

주 시안총영사관 초청 〈한국전통음악의 계승과 발전〉 초청 공연 / 중국 시안

전주세계소리축제 초청 공연

전북도립국악원 무용단 〈행복동 고물상〉 작곡 및 출연

2015년 인천종합문화예술회관 기획 커피콘서트 〈불세출의 도시풍류〉 공연

대통령직속 청년위원회 주최 〈반짝궁 콘서트〉 공연

국립극장 여우樂 페스티벌 〈어제의 내일〉 공연

MBC 다큐 '문화사색' 출연, 북촌창우극장 주최 북촌우리음악축제 공연

주 불가리아대사관 초청 불가리아&마케도니아 공연 / 소피아, 스코페

2016년 '덕수궁 음악으로 피어나다' 공연 / 덕수궁 석조전, 불세출 일본 초청공연 / 도쿄

KBS '불후의 명곡' 작곡가 백영호 편 출연

ARIRANG TV '아리랑 오딧세이' 출연

국립국악원 '금요공감' 공연 / 국립국악원 풍류사랑방

불세출 일본 초청공연 / 도쿄, 교토

국립중앙박물관 "미술 속 도시, 도시 속 미술" 전시 개막 축하공연

돈화문국악당 '국악의 맛' 공연

2017년 국립고궁박물관 '큐레이터와 함께하는 음악데이트' 공연

불세출, 그 10년의 이야기

10년. 강산도 변한다는 그 시간. 매우 낮은 확률로 대한민국에서 세 명의 서로 다른 대통령이 당선되는 과정을 지켜볼 수 있는 세월. 초등학생은 대학생이 되고, 대학생이 아저씨가 되고, 아저씨는 할아버지의 단계에 서서히 접어들게 되는 긴 세월. 이 기나긴 세월 동안, 아직도 술집 하나 정하려면 가게 네댓 군데를 쑤시고 나서야 마지못해 양보하는 몇 명 덕에 겨우 의견을 모을 만큼, 요즘말로 1도 겹치는 구석이 없는 고집 센 여덟 명이 용케도 함께 해왔다.

우리의 이런 긴 활동에 대해 외부에서는 보통 의문을 품는 것이 먼저인 듯. "안 싸우느냐", "오래 유지하는 걸 보니 팀 활동으로 돈이 꽤 되나보다", "너네 다 먹고 살 만 한가 보네, 그런 음악하면서 여태 버티는걸 보니" 등등. 모두 합당한 의문들이다. 간단히 답해본다. 지독하게 싸우지만 이내 풀고, 재벌은 못 되지만 굶지는 않을 정도로 벌고, 매우 다행히도 불세출을 관둘 생각을 할 정도로 궁핍하지는 않기에 계속 해왔다.

피상적임에도 불구하고 실질적으로 팀 활동의 지속을 좌우하는 이런 요소들 말고 진짜 무엇을 위해 여태 버텨왔느냐에 대해 묻는다면, 2014년 종로풍악방 기획공연 당시에 음악감독의 변을 통해 이미 밝힌 바 있다(오른쪽 박스). 요약하자면 해온 게 아깝고 더 좋은 음악을 만들 수 있을 것 같아서 계속 해왔다는 이야기이다.

뒤늦게 접어든 음악인으로서의 삶을 거의 맨 처음부터 지금까지 지독하게 훈련시켜준, 불세출의 단원으로서 겪은 10년 간의 이모저모를, 각 연도별로 허심탄회하게 적어보고자 한다.

최덕렬

우리 음악은 이렇다

지금도 작곡보다 연주를 더 좋아하는 게으른 작곡자가 어느새 불세출의 음악감독이 되었다. 불세출의 연주자들로부터 엑기스만 빼먹던 내가, 드디어 공식적으로 책임을 맡게 된 것이다. 여태껏 요구에 의해 마지못해 움직이던 수동적 작곡자가 뭘 얼마나 능동적으로 해낼 수 있겠냐마는, 막상 완장을 차게 되니 기분이 달라진다. 가만히 놔두었다가는 공연이 망하게 될 것임은 불 보듯 뻔한 일이고, 망한 공연에 대한 책임은 당연히 내가 짊어져야 한다. 물론 일개 단체사업자의 탈을 쓴 밴드의 간부에겐 혜택은 없고 책임만 있는게 현실이긴 하지만.

거두절미하고 솔직히 말하겠다. 어디를 향해야 하는지, 누구를 위해야 하는지, 무엇을 우선해야 하는지 아직도 잘 모른다. 지지고 볶아대고 싸우다 풀며 무대에서 보낸 8년의 세월 덕에 남들은 '중견'이라 부르지만, 선배들은 예나 지금이나 고민이라고는 한번 해본 적도 없는 양 저만치 멀리 가 계시고, 해마다 생겨나는 탄탄한 밴드들은 어느새 우리를 앞질러 나가기도 한다.

혹자는 우리를 아무도 알아주지 않는 음악에 혼자 미쳐서 산으로 가는 놈들로 평하기도 하고, 때로는 배때기가 불러서 하고 싶은 것만 하는 어린이 수준의 단체로 여기기도 한다(물론 아주 틀린 말은 아니어서 듣고도 가만히 있어오긴 했다). 하지만 그들에게 이런 질문을 던지고 싶다. 과연 당신은 '당신밖에 모르는' 고집이나 욕심 한 톨 없이 모두를 만족시킬 음악만을 추구해 왔는가. 만약 그렇다면, 당신에게서 나온 음악을 진정 당신의 음악이라 부를 수 있는가.

모든 밴드가 겪듯 우리에게도 많은 어려움이 있었다. 하지만 여태껏 견뎌왔고, 그 원동력은 끈끈한 전우애도 아니고 음악에 대한 지칠 줄 모르는 열정도 아니다. 그 원동력은 어떠한 형태의 보상도 보장받지 못하면서도 전통을 존중하고 악기 그 자체를 좋아하는 여덟 명이 스스로 만족할만할 음악을 만들어오기 위해 애써온 우리의 지난 모습에 대한 애정이고, 앞으로 만들어나갈 음악에 대한 기대이다.

당대에 성공하는 예술가가 되지 않아도 좋다고 호기롭게 말해보지만, 언제까지 이런 막연한 자신감으로 계속해나갈 수 있을지는 아무도 모르는 게 사실이다. 뭐 물론 지레 겁먹고 그만둘 생각은 전혀 없다. 그저 2014년의 불세출이 정성스럽게 빚어낸 음악들을 오늘, 이 순간 부디 즐겨 달라고 담담히 말씀드리고 싶다.

ⓒ 김진호

2006년에 열린, 당시로서는 충격적 퀄리티였던 04학번 남자 동기 발표회 '불세출'의 여운이 채 가시기도 전에 그들로부터 작곡 의뢰가 들어오게 된다. 2007년에 처음 생긴 21C 한국음악프로젝트를 위해 '청년다운', '도전정신'이 들어간 곡을 써달라는 박제헌의 요구. 지금의 생각으로는 몹시 황당한 주문이지만 청년이어서 도전하고 싶었던건지 어쨌는지 냉큼 수락을 했다.

예나 지금이나 그렇듯 미루고 미루다 물리적 마감 2주 전에 곡의 절반을 겨우 완성. 연습실에 찾아갔을 때 절반밖에 없던 곡을 열정적으로 연습하던 그들의 모습과 에너지가 아직도 눈앞에 생생하다. 어쩔 수 없는 여러 요인들에 의해 내가 직접 기타를 연주하게 되고, 단원들의 즉흥연주 아래에서 잘 알지도 못하는 코드 몇 개를 돌려가며 곡의 후반부를 완성해냈다.

한국음악프로젝트 본선의 결과는 2등 같지 않은 2등. 대상 밑으로 세 팀이 2등이고 나머지가 장려상인 개념이었는데, 발표순서가 뒤에서 세 번째였던 바람에 졸지에 3등 취급을 받아 열받아했던 기억이 떠오른다. 대기실이 모자라 여러 팀이 엉켜 한 공간에서 대기했는데 서로 기싸움에서 지지 않으려고 그 좁은 공간에서 죽어라 연습하던 것, 대회 당시 국악원 예악당에서 도난사건이 일어나는 바람에 CCTV를 돌려보느라 손님들을

무척 오래 기다리게 해 죄송했던 상황 등도 기억에 남는다. 그날 이문동 횟집에서 있었던 뒤풀이에서의 난동 역시 잊을 수 없는 한 장면.

대회 직후, 전교생의 모임장소였으나 유난히 전통원 친구들이 많이 찾았던 '참존'에서 양념반 후라이드반과 500cc를 함께하며 나는 불세출의 정식 단원이 되었다. 불세출의 이름으로 다녀온 대망의 첫 오부리는 인사동 선재문화센터. 몇 명의 관객 앞에서 음향도 없이 연주했다. 당시만 해도 마땅히 악기를 실어나를 방도가 없어 콜밴을 왕복 10여만 원에 불렀는데, 페이는 개인당 1만원이었던 행복한 기억. 풍류도시 한 곡을 들고 이렇게 몇몇 공연을 다니며 2007년을 마무리했다.

21C 한국음악프로젝트 대회 측에서 찍어준 프로필사진

2008

국악방송과의 인연으로, 여러 선생님들과 함께 뉴욕 일대에서 공연을 하는 좋은 기회를 얻었다. 팀으로서 함께 가는 첫 해외 공연이었다. 지금 생각해보면 외국 가서 풍류도시와 전통 몇 곡 연주하고 오는 게 전부인데, 모두가 미흡했던 시절이었기에 무척 고생을 많이 했다.

- 고생 1

① 여행기간이 꽤 되는데 의상까지 넣으려면 캐리어 공간이 모자라다.

② 개인악기가 각자 있는데도 징을 누군가는 들어야한다.

③ 막내 악기가 가장 작고, 막내는 힘이 세니까 짐을 많이 들 수 있다.

그때는 맞지만 지금은 틀린 이 세 가지 전제 덕분에 우리는 무대의상, 갓신, 징, 그 외 본인 캐리어에 안 들어가는 잡다한 물건을 모아 캐리어를 하나 더 만드는 한심한 짓을 했다. 이 캐리어는 3번 전제에 의해 막내 박계전이 끌고, 들고 다녔다. 모든 캐리어 중 가장 무거웠던 건 당연지사.

- 고생 2

우여곡절 끝에 첫 번째 숙소에 도착했다. 호텔의 전반적 시설이 90년대 초반 '34번가의 기적' 따위의 영화에서 보던 뉴욕의 이미지를 듬뿍 담고 있어 매우 뉴욕다운 뉴욕에 제대로 온 것만 같은 착각에 흠뻑 빠졌다. 호텔인데 고생한 이유는 트윈베드가 놓인 2인실에서 네 명이 잤기 때문이다. 주최 측과 호텔간 의사소통상의 실수였는지, 경비 절약 측면에서 추진된 일인지 알 수는 없지만 시차에 불편한 잠자리가 겹쳐 맨하탄에서 지내던 기간 내내 우리의 불쾌지수는 상상 이상이었다. 당시 동행했던 어느 대학 미디어 관련 교수님의 멘트가 촌철살인. "전세계 백패커들은 맨하탄에서 한번 자보려고 방 계산한 다음에 여럿이 몰래 들어가서 침낭 펴고 자는게 부지기수다. 여러분들은 감사하게 생각하라".

- 고생 3

뉴욕 헌터칼리지 극장에서의 공연 당일. 공연의 역순으로 음향테스트 및 리허설을 했는데 조금씩 시간이 지연되게 되고, 급기야는 우리 순서가 저녁시간 근처까지 밀리게 되었다. 촉박한 시간 탓에 이미 마음이 급하던 와중, 새로 사서 들고 간 기타의 음향장비가 제대로 작동하지 않았다. 지금 생각해보면 극장 시설측 문제임이 분명한데, "픽업 배터리가 있네 없네, DI가 패시브네 액티브네" 한참을 씨름하다 결국 포기하고 마이크로 소리를 잡기로 결정했다. 사건은 여기서 발생한다. 음향을 절반도 채 잡지 못한 상태인데 저녁시간이 되자 스텝들이 우리 모두를 퇴장시키고 극장 문을 잠근 뒤 밥 먹으러 나가버린 것이다. 매정한 양키들. 황당했지만 어쩔 수 없었기에 대기실에서 초조하게 기다리다, 하우스 오픈 직전 15분 여의 시간 동안 대충 나머지 악기들의 소리를 잡은 뒤 본 공연에 올라가게 된다. 이러한 여러 이유들과 부족한 수면까지 겹쳐 사상 최악의 컨디션으로 공연을 했다. 10년 간 있었던 수많은 짜증나는 상황들 중에서도 단연 손에 꼽을 정도.

- 한편으로 웃겼던 일 1

며칠간의 짜증이 공연으로 한층 더 강화되어 우리는 완벽한 불만쟁이들이 되었다. 코네티컷에 도착해 숙소를 배정받는 찰나에는 정말 최고조였다. 또 1인 침대에서 2인이 자게 된다는 사실을 알게 된 우리는 선생님들과 선배님들이 계신데도 불구하고 남에게 들릴 정도의 혼잣말로 불만을 토로했고, 그 결과 방이 바뀌는 기적이 일어났다. 덕분에 우리는 가로로 누워도 편히 잘 수 있을 정도의 침대에서 이틀간 꿀잠을 잤다. 우리 대신 2인 1침대를 하신 분들이 누구인지 지금도 궁금하다.

- 웃겼던 일 2

공연 전날 뉴욕 국악협회에서의 리허설을 마치고, 남는 시간 동안 맨하탄 구경을 했다. 발걸음이 이끄는 대로 돌아다니다 어느 청바지 할인샵에 들어가, 각자 쇼핑을 마치고 계산하는 찰나. 이준이 먼저 계산을 마치고 나간 뒤 다른 손님이 계산을 하고, 이어 박제헌이 계산을 했다.

점원 : '너 왜 또 왔음? 방금 계산했잖슴?'
박제헌: '어. 쟤랑 나랑 다른 사람임. 디프런트 피플.'

- 웃겼던 일 3

공연 및 주변에서 일어나는 일들을 다큐로 담아내야 했기에 방송 촬영팀이 늘 함께 움직였다. 그 덕에 어색했던 순간이 많았는데, 그중 압권이었던 순간은 여행 막바지에 타임스퀘어 한복판에서 있었던 촬영이었다. 전 세계 사람들이 다 몰린 북적대는 곳에서, 시종일관 진지한 표정으로, 우리가 국악의 새 전통을 창조한다 따위의 자기최면을 하며 북을 들고 서서 몇 번을 쳐야 했다. 결과물로 받은 영상은 멋졌지만 찍을 당시에는 정말 웃겼다. 한명씩 돌아가며 하는 촬영이었기에 우리는 서로 비웃느라 정신이 없었다.

- 웃겼던 일 4

약간 검은 얼굴 탓에 동남아 불법체류자라며 놀림받는 게 일상이었던 박제헌. 9.11 이후 몇 년이 지난 뒤라 당시 입국 심사는 그다지 까다롭지 않았는데, 모두 심사

북 치는 전우석

를 마치고 나와 기다리다 박제헌이 하도 나오질 않아 수소문해보니 불법체류자로 의심되는 사람들을 모아놓은 방에 불려 들어가 있었다. 국악방송 관계자분이 찾아가 이내 해명을 하고 금방 나오긴 했으나, 불법체류자가 진짜 불법체류자가 되었다며 한참을 웃었던 기억 (피치 못할 사정의 난민이나 노동자들을 비하하고자 하는 의도는 아님을 밝혀둡니다).

천차만별 콘서트

뉴욕 공연과 각자 준비하던 대회를 치르며 상반기를 보내고, 하반기가 되자 좋은 소식이 들려왔다. 북촌창우극장에서 젊은 팀들을 모아 각자의 콘서트를 열어준다는 것이었다. 공연 기회를 제공해줄 뿐 아니라 소정의 출연료가 있었고, 심사를 통해 선정되는 한 팀은 음반 제작의 특전까지 주어졌다. 나가지 않을 이유가 없었기에 당연히 신청했다.

하지만 레퍼토리가 너무 부족했기에, 우리는 우리의 이름을 걸고 연주할 수 있으면 된다는 조건 하나만 놓고 곡을 있는 대로 끌어모았다. 학교의 실연 수업

천차만별 콘서트 음반 자켓

시간에 만든 2곡, 불세출 창단공연때의 곡, 단체로 다른 기획공연에서 연주할 때 받은 곡, 본 공연 이틀 전 완성된 따끈한 곡 등을 모으고 모은 끝에, 극장측에서 요구하는 공연 길이를 턱걸이로 맞출 수 있었다.

연습하고, 싸우고, 술 마시며 풀기를 수없이 반복하며 공연을 준비한 결과는 대상. 정말 운이 좋았다. 완성도 측면에서 더 훌륭한 팀이 많았는데 당시 우리의 가능성을 높게 봐주신 게 아닐까 싶다. 물론 그때의 우리는 그렇게 생각하지 않았지만.

곡해설을 쓰고, 사진을 고르고, 이틀간의 연주 중 비교적 잘 된 것을 고르느라 한참을 고민하고, 다투고, 울기까지 한 끝에 드디어 음반이 나왔다. 첫 음반이 실황 녹음본이라는게 조금 이상하긴 했지만 음반을 실물로 받았을 때의 그 벅찬 감동은 잊지 못할 것이다. 물론 이 음반은 이미 예전에 절판되어 희귀 음반 사이트에서나 찾아볼 수 있던 것이 벌써 몇 년 전의 일. 음반 속지에 '작곡 및 기타'로 나를 소개했는데 번역자 분이 'Composition & Etc.'로 번역해주신 바람에, 난 음반이 나온 이후 지금까지 'Etc'로 취급당하고 있다.

국방의 의무 덕분에 상반기엔 대회[1], 하반기엔 밀린 일정 소화하느라 허덕대는게 미필 남성 국악전공 대학생들의 일반적인 패턴일 것이다. 2009년은 정말 그랬다. 믿기지 않게도 하나둘씩 군대문제를 해결하더니 급기야는 팀원의 절반 이상이 면제자가 되었고, 여러 요인을 고려했을 때 올해가 거의 마지막 기회라는 생각이 들어 이를 악물고 준비한 끝에 행운이 찾아와 우리에게도 좋은 결과가 있었다. 그렇게 상반기가 증발했고, 미리미리 했으면 아무 문제도 없었을 일들을 겨우겨우 떠넘겨버리자 어느새 가을이 되었다. 도망치듯 유럽으로 향했다.

국악방송 주최로 여러 선생님들과 함께 다녀온 유럽 공연은 많은 생각을 하게 해주었다. 무엇보다 기억에 남는 일은 파리에서의 열광적인 반응이었다. 생전 처음 받아보는 뜨거운 호응에 어안이 벙벙했고, 혹시나 뿌릴 데가 있을까 싶어 50여 장 정도 챙겨간 음반은 공연 직후 동이 나 음반을 산 사람과 못 산 사람이 서로 거래를 하기도 했다. 그저 우리가 하고 싶은 대로 음악

파리에서 걷다 지친 불세출

대기실에서 한 컷

을 만들었을 뿐인데 외국인들로부터 이 정도의 감흥을

---

1 올림픽 수상자, 해외 콩쿠르 우승자 등이 '예술체육요원'으로 편입되어 34개월간 분기별 실적을 제출하는 것으로 병역의무를 대신한다. 국악의 경우 세계대회가 없어 국내 대회도 인정되므로 비교적 기회가 많은 편.

도령들이라고 불리곤 하던 당시 의상

불러일으킬 수 있다는 사실이 무척 뿌듯했고, 한편으로는 신기했다. 비록 그 공연장의 관장은 마음에 들어하지 않아 그 다음해부터는 무형문화재급의 전통 연주자들만 불렀다는 후일담을 몇 년 후 듣긴 했지만 말이다.

주최측과 우리 모두 미국 공연에서 있었던 문제들을 잘 보완한 덕분에 유럽에서 딱히 고생했던 기억은 없다. 파리 숙소 근처에서 우연히 들어간 초밥집의 요리사가 인디언이었고, 그 맛이 가히 충격적이었던 일말고는. 물론 영국음식은 이 초밥보다도 맛이 없었다.

연초에 잡지 '객석'에서 '올해의 유망주 10인' 중 하나로 선정되어 사진을 찍으러 다녀온 기억도 난다. 2017년인 지금도 젊은 국악인 유망주로 취급받고 있는게 문제라면 문제. 준비가 많이 미흡했던 PAMS[2] choice는 창피한 기억으로 남아있다. 기획인력이 필요하다는 걸 처음으로 느끼게 된 계기였다.

---

2 재단법인 예술경영지원센터가 문화체육관광부의 후원을 받아 매년 10월에 개최하는 행사로, 다양하고 활발한 창작과 제작을 바탕으로 한 한국공연예술 작품들의 합리적인 유통과 해외진출 활성화를 목표로 한다.

이준이 군대에 갔다. 믿고 싶지 않았지만 사실이었다. 이준의 입대 직전에 국악방송 라이브 코너에 출연해 이에 대한 아쉬움을 토로하다, 너무 길어져 피디님이 그만하라는 싸인을 강력하게 주셨던 기억이 난다. 어쩔 수 없이, 하지만 본격적으로 6인 체제를 준비할 수밖에 없었다.

당시의 우리는 많은 레퍼토리를 가지고 있지도 않았고, 모든 곡에서 각자의 역할이 똑같이 중요하기도 했다. 따라서 한 악기의 부재는 모든 곡에 심각한 타격을 주었다. 지금의 불세출이라면 대타를 쓰는 것도 고려할 수 있겠지만, 당시의 우리는 의리로 똘똘 뭉쳐있었고 2년 후 버림받을 대타 연주자의 상황까지 고려했기에 그 타격을 고스란히 안고 가기로 했다.

유일무이한 대표곡 풍류도시가 가장 문제였다. 곡의 시작부터 가야금이 강렬하게 등장할 뿐 아니라 곡의 초 중반부에서 매우 중요한 역할을 하기 때문이었다. 다른 악기들로 겨우 땜질을 한 채로, 매 공연마다 이준의 부재를 느껴가며 연주했다. 6인 체제의 연주가 2011년의 영상[3]으로 남아있는데, 이 당시엔 이미 가야금이

없는 형태에 익숙해졌었기에 풍류도시의 광팬이 아니고서는 가야금의 부재를 느끼기 힘들 지도 모른다. 겉으로는 장난스럽게 '가야금 없어도 똑같네'라고 얘기하고 다녔지만 우리에게는 내심 뼈아픈 시간이었다.

한편, 2009년의 PAMS 덕에 여태 경험해보지 못한 새로운 작업을 하게 되었다. 극단 '동'과의 협업으로 '비밀경찰'이라는 연극의 음악을 맡게 된 것이다. 이 작업 덕분에 현재 불세출의 레퍼토리 중 늘 요긴하게 사용되고 있는 곡들이 만들어졌다. 물론 지금의 형태와는 다르지만, 바람과의 사투를 벌이며 연을 날리는 장면의 배경음악으로 '연'을 만들었고, 미장센이 뛰어났던 달빛 밑에서의 그림자 장면을 위해 '달빛'을 만들었다. 처음 해보는 협업이라 꽤 고생을 했고 우여곡절도 많았지만 결과적으로 이 연극은 잡지 및 협회에서 올해의 베스트 연극으로 꼽혔으며, 주연배우는 연기상을 수상하기도 했다.

여름에는 김용하, 전우석, 갓 훈련소를 수료한 빡빡이 최덕렬이 프랑스와 독일에 다녀왔다. 원불교 행사에 초청되어 축하연주를 했는데, 파리에서 공연을 하던 도중 꽃다발을 전해주러 올라오신 분을 다시 돌려보냈던 아찔한 장면이 가장 기억에 남는다. 급한 일정 덕에

---

3 https://goo.gl/4E8ufC

2010년 비밀경찰 포스터

2층에 마련한 연습실

구경만 하고 맛보지 못한 몽생미셸의 양고기, 맥주 천
국인 독일에서 간이 지치도록 사마시던 맥주, 교포분이
뒤뜰에서 구워주신 고기의 맛도 잊지 못할 듯.

다른 한편으로는 드디어 눈치보이던 학교 연습실
을 떠나 국악의 성지 포이동(현 개포4동)에 자리를 잡
았다. 학번이 제일 늦은 최덕렬까지 졸업을 하게 되어
더 이상 후배들에게 민폐를 끼칠 수는 없었기에, 무려
반지하도 아닌 2층에 연습실을 마련했다. 몇 명의 큰
희생이 있었고 고통스러운 월세의 압박이 시작되었지
만 드디어 제대로 된 밴드가 된 것 같다는 생각에 꾹 참
기로 했다.

아는 분의 제의로 5월에 일본 오사카에서 열리는 실내악 대회에 참가하게 되었다. 사실 불세출이 나가기에 적합한 대회는 아니었지만, 일단 예선에 합격했고 항공과 숙소를 지원해준다는 소식에 냉큼 일본행을 결정했다. 당시 박제헌은 이미 4년차 직장인이어서 크게 상관이 없었지만 국악원에 인턴으로 갓 입사한 박계전은 조금 상황이 달랐기에, 6인도 아닌 5인의 구성으로 전통 곡들과 시나위를 한데 뭉친 곡을 겨우 만들어 들고 나갔다. 며칠간의 카톡 회의 끝에 곡목은 '다스름'으로 정했다.

리허설장에 가다 지하철을 잘못 타는 바람에 프로 일본러 김용하에게 호된 꾸중을 들어가며 겨우겨우 찾아갔으나 목적지를 애초에 잘못 알고 있었던 해프닝을 뒤로 하고, 비장한 각오로 결선 무대를 위해 연주했다. 결론적으로는 결선진출 실패. 대회 성격과 우리의 음악이 전혀 맞지 않았기 때문이었다. 하지만 결선진출에 실패한 팀도 대회가 끝날 때까지 돌려보내지 않는 주최측의 넉넉한 배려 덕분에, 며칠간 오사카 탐방을 신나게 했다. 돈 한 푼 안 들이고 간 것도 신났는데 상당한 액수의 출연료까지 받았기에 우리는 성심성의껏 열심히 먹고 돌아다니며 흥청망청 놀았다. 하도 돌아다녀서 발이 아파 박제헌은 새 신발을 사기까지 했다. 그러고도 꽤 넉넉한 액수가 남아, 처음부터 끝까지 행복한 관광(?)이 되었다.

가을 무렵에는 이준이 전역했고, 주변의 권유로 당시에 열린지 몇 해 되지 않았던 전주소리축제 창작국악 경연인 '소리프론티어'에 참가했다. 김용하의 오랜 친구인 배정찬을 객원으로 영입하여, 전문 타악연주자의 부재[4] 덕분에 미완이었던 다스름[5]을 완성해 들고 나갔다. 결과는 대상. 어안이 벙벙했다. 결선 후보들이 워낙 쟁쟁해 대상을 타리란 생각을 전혀 못한 채 무덤덤하게 연주를 마치고 곧바로 서울로 올라왔는데, 심사 결과가 대회 이후 늦은 밤이 되어서야 나왔기에 전주에 혼자 남아있던 김용하만 그 소식을 라이브로 들었고, 나머지는 전화를 통해 기쁜 소식을 나눴다. 상금으로는 무려 천만 원을 획득. 수상 이후, 데뷔 이래 한 번

---

4 일본 경연때까지는 임시변통이었던 최덕렬의 타악 연주가 배정찬 덕분에 조금씩 진지해지기 시작한 게 이 시기.

5 '마음에 아주 썩 들지는 않으나, 나쁘다고 하긴 힘들고, 현재로서는 더 이상 좋게 다듬을 방법이 없다'가 나의 솔직한 심정. 다스름에 대해선 아직도 단원 간에 의견이 분분히 갈린다.

소리프론티어 경연장 앞(상), 사진만 봐도 부족한 무대매너가 느껴진다(하).

2011년 샘플 054씨 외 3인 포스터

도 거른 적이 없는 '무대매너가 부족하다'는 투의 평가 기사를 필두로 하여 언론에서 우리를 꽤 주목해주었고, 그 덕분인지 이 무렵부터 공연이 제법 늘었다. 객원 배정찬은 김용하의 화려한 언변에 꼬드김을 당해 불세출의 마지막 단원이 되었다.

　　2010년의 인연으로 극단 '동'과 '샘플 054씨 외 3인'이라는 연극의 음악을 작업하기도 했다. 연극이 꽤 인상적이었기에 지금까지도 여러 장면이 생생하게 기억 속에 남아있다. 물론 곡도 좋았다.

2012

2012년은 개인적으로 불세출에 무척 많은 시간을 쏟았던 해이다. 2011년에 불세출, 대학원, 위촉곡 작업의 삼위일체로 완벽하게 소진되어버려 일을 몇 건 거절했더니, 일이 뚝 끊겨 불세출일 말고는 다른 할 일이 아무것도 없게 되어버렸기 때문이다. 이왕 쉬는 김에 대학원 휴학까지 해버렸다.

전주대사습놀이 대회

박제헌의 정보로 전주대사습놀이에 신설된 실내악 경연인 '시대를 놀다'라는 대회에 참가하게 되었다. 갓 단원이 된 배정찬의 아이디어로 동해안 오귀굿의 '지옥가' 대목을 우리 스타일로 재창작해 들고 나가기로 했다. 이사간 지 얼마 되지 않았던 신천 연습실과 학교를 수시로 들락거리며 셀 수 없을 만큼의 시도, 평가, 싸움, 오해, 화해, 결정을 반복하며 한 달 이상을 씨름한 끝에, 모두가 만족할 수 있는 곡을 완성했다.[6] 손에 물집이 잡히도록 징채를 돌리는 연습을 해가며, 두루마기에 갓까지 쓰고, 역시 비장한 각오로 출전했다.

그냥 해도 떨릴 판에 방송국에서 촬영까지 한답시고 커다란 카메라까지 왔다갔다하니 정신은 하나도 없고, 음향은 당연히 엉망[7]에, 우리 실력도 엉망이었다. 결과는 3등. 떠도는 소문에 의하면 심사위원이던 모 실용음악과 교수님께서 불세출이 갈데까지 갔다는 평을 하셨다고. 이 일 이후 우리는 어느 대회에도 나가지 않기로 잠정 합의했다.

이런저런 사연이 있었지만, 일단은 지옥가를 들고 나갈 대회가 아니었음은 확실했다. 물론 갓 만든 곡이었기에 연주력이 부족했던 것도 사실이다. 그러나 할 수 있는 만큼을 쏟아붓고 나왔기에 그다지 아쉽지는 않았다. 왜 이런 대회일줄 몰랐을까를 한탄했을 뿐. 5년이 지난 지금 지옥가는 어디서나 관객들의 열띤 호응을 불러일으키는 곡이 되었다. 사족으로 당시 우승했던 아카펠라팀은 현재 해체했고, 2등했던 로컬 연주팀의 소식은 그 이후 들어본 바가 없다.

---

6 다스름의 경우와 마찬가지로 더 나은 대안을 제시할 수 없었다는게 솔직한 심정. 5년 간 곡의 여러 모난 구석들이 다듬어지다 보니 지금은 잘 자리잡았다고 생각한다.

7 음향이 완벽히 마음에 들었던 적은 2015년 여우樂 페스티벌 때가 유일하다. 10년 동안 단 한 번.

러시아 공연

대회 이후, 극단 '동'과의 인연이 계속되어 러시아에 다녀오게 되었다. 연극 '비밀경찰'의 원작인 '검찰관'이 러시아 작품이고, 극단 '동'은 러시아 연기학교 출신들이 뭉쳐서 만든 극단인데, 러시아 현지에서 '비밀경찰'을 무대에 올릴 기회가 생긴 것이다. 기억에 남는 일이 무척 많았던 여행이었는데 굵직한 걸로 몇 가지만 꼽아보자면.

- 매트 텐트

출연료와 숙박을 맞바꾼 결과물. 모스크바 한국문화원 2층의 태권도 연습장에서 미끄럼방지 매트로 삼각형

매트 텐트

간이 텐트를 만들어서 잤다. 의외로 꽤 아늑해서 생각보다 잘 잤다. 한복으로 앞뒤 출구를 막아 채광도 조절할 수 있었다. 시간이 남을 때마다 그 텐트 안에 짱박혀 미국 드라마를 하루에 몇 편씩 보고, 모스크바 떠나기 전까지 책도 대여섯권은 읽었다. 심심하면 직육면체로 텐트를 다시 조립하기도 하는 등 참 여러모로 재미있었던 숙소(?)였다.

- 크라스노야르스크에서의 굴욕

모스크바에서의 본 공연을 마치고, 내륙 쪽으로 3,000km 쯤 떨어진 크라스노야르스크에서 벌어지는 축제에 참가했다. 온갖 장르가 한데 섞여있는 국제 민속 종합예술 축제였는데 우리(동+불세출)는 연극팀에 해당했다. 그런데 축제 첫날 개막행사에서 국가별로 본인들의 장기를 맛뵈기 식으로 보여달라는 것이었다. 요청받은 공연 시간은 2분 남짓. 무대 설치하고 연극을 보여줄 수도 없고, 할 수 있는 걸 억지로 찾다 의견이 갈려 다투기까지 한 끝에, 결과적으로는 나가서 기운차게 손만 흔들고 들어왔다. 창피해할 일은 아니었지만 한국 대표취급을 받았기 때문인지 이상하게 창피했다.

- 현지 반응

내가 생각하던 러시아인들은 무뚝뚝하고 무서우면서도 한편으로는 순박하고, 특이한 악센트를 쓰는 동유럽 대

모스크바 싸브리멘닉 공연장

머리 어깨형님들의 이미지가 강했는데, 연극 공연에서
의 반응을 통해 도스토예프스키와 차이코프스키의 나
라라는 걸 다시금 깨달을 수 있었다. 러시아 원작이기
때문이었는지는 알 수 없지만, 쉽게 알아듣기 힘든 고
도의 풍자로 가득 찬 연극을 보며 관객들은 박장대소를
해댔다. 공연이 끝난 후의 기립박수는 당연한 결과. 일
반적으로 러시아 사람들의 공연에 대한 반응이 그다지
후한 편은 아니라고.

크라스노야르스크에서의 공연을 무사히 마치고, 시베
리아 횡단열차를 통해 모스크바로 돌아가게 되었다. 가
장 좋았던 점은 딱히 할 수 있는 게 없다는 거. 먹고, 자
고, 싸고, 씻지는 못하고, 책을 읽거나 술을 마시거나
음악을 듣거나 종일 똑같은 풍경을 보며 생각을 하거
나. 드래곤볼의 '시간과 정신의 방'이 실존한다면 딱 이
런 느낌일 것이다.

물론 이런 장점들은 3일째 쯤 되고 나서 느낀거고,
첫날부터 전우석과 나는 보드카를 마시고 만취했다. 술
이 깨고 나서는 러시아의 국민 라면인 '도시락'으로 해
장을 하고 장구를 테이블 삼아 도박 잔치를 벌렸는데,
룰도 모르던 내가 대판 딴 바람에 수익금을 기차 매점
칸에서 전부 맥주로 바꿨다. 마시고, 취하고, 깨고, 할
게 없어 또 마시고. 신선놀음이 따로 없었다. 매점 칸에

하도 자주 가니 나중에는 매점 카운터를 보던 군인이
내가 가기만 하면 맥주를 먼저 꺼내주었다.

반면 제대로 끼니를 때울 게 마땅치 않았던 건 꽤
나 힘들었다. 하루에 두어 번 서는 역에서 꼬부랑 행상
할머니가 파는 빵이나 피클을 사먹거나, 혹은 도시락
라면 뿐이었다. 러시아 여행 초반에만 해도 도시락 라
면을 매우 애용했지만 횡단열차 타던 기간쯤 돼서는 완
벽하게 물려버린 바람에 그야말로 죽지 않기 위해 먹었

보조 테이블로 사용되었던 장구

다. 러시아 여행 이후부터 내 몸이 컵라면을 거부하기
시작했는데, 이 반응은 지금도 계속되고 있다.

　　직장 오디션을 앞두고 있던 김진욱 형은 달리는
열차 사이 칸에서 연습을 했다. 잘 하는 사람이니 합격
했겠지만, 시베리아 횡단열차에서까지 연습하는 열정
덕에 좋은 결과가 있었던 건 아닐지.

전주소리축제 초청공연과 음반 제작

작년 수상의 혜택으로 전주소리축제에 단독으로 초청
을 받았다. 여러모로 여태껏 없었던 중요한 공연이었기
에 꽤나 많은 공을 들였고, 신곡을 대거 선보이기로 했
다. 사실상 전 곡이 신곡이나 다름없었기에 꽤나 무모
한 결정이었다. 그런데 우리는 이 무모한 공연 날짜에
맞춰 음반을 내기로 했다. 제정신으로는 할 수 없는 결
정이었다. 그런데, 이 음반을 연습실에서 녹음해서 만
들기로 했다. 미치지 않고서야 이런 생각을 할 수 있을
까. 그런데 말입니다. 녹음만 직접 하고 출반은 업체에
맡겼어도 충분히 미친 거였는데, 음반을 가내수공업으
로 찍어내기로 했다. 공연을 2주 정도 앞두게 되자 4단
계의 미친 짓이 한데 어우러져 아름다운 시너지효과를
발휘했다.

　　미처 다 완성하지도 못했던 연, 북청, 달빛, 푸너

리. 악기 규모에 비해 부족한 장비와 시설, 공간 덕에
녹음 여건이 열악했던 다스름과 지옥가. 직장인들은 녹
음하다 새벽에 귀가해 눈 붙이고 출근했다가 곧장 연
습실로 퇴근하는 강행군을 반복했고, 나머지 인원들은
녹음 준비와 곡 마무리를 위해 먹고 잘 때를 제외하고는
연습실에서 살다시피 했다. 숙박하기 썩 좋은 여건이 아
님에도 불구하고 전원이 연습실에서 잤던 날도 꽤 있다.

　　녹음 직전에 기적적으로 곡을 완성하고, 음반을
찍어내기 시작해야하는 물리적 마감시간이 오기 직전
에 기적적으로 녹음과 믹싱을 마쳤다. 전주로 출발하기
이틀 전이 돼서야 겨우 음반을 찍어내기 시작할 수 있
었다. 굽는 시간을 절약하려고 박제헌이 컴퓨터를 연습
실에 갖다놓기까지 했다. 빠름의 대명사인 박제헌의 컴
퓨터답게 굽는 속도도 매우 빨랐기에 출발하기 전날 새

나도 할수있다!! 불세출 음반 제작 가이드 ver 1.0

작성자 : 최덕렬

음반 제작에 필요한 기본 준비물

- 투명씨디케이스. 투명해야 함. 반투명하면 안됨.

- 인쇄물 : 앞면(자켓), 뒷면

- 공씨디 : 다이요우덴 printable CD

- 포장봉투

- 음반 견본

- 연습실 프린터의 잉크 잔존여부. 없으면 잉크 교체 (문의 : 김용하, 박제헌)

제작 소요시간

- 재료가 전혀 없는 상태에서 혼자 만들경우 30장 제작에 8~9시간 정도로 추정가능

  (재료사느라 뺑이치는 시간 포함).

  작업 습득속도에 따라 편차가 매우 커지므로 홀로 제작하는것은 결코 추천하지 않는다.

  최소 2인 이상을 강력히 권장한다.

- 재료가 갖춰졌을 경우 3~네 명으로 2시간 남짓이면 30여 장 제작가능.

제작 순서

1. 케이스와 공씨디와 포장봉투를 필요에 맞는 개수로 인터넷을 통해 구매한다.

   - 연습실(서울시 송파구 잠실본동 205-16 지층 02호)로 주문, 부재시 오드리

   - 견본을 잘 참고하여 최대한 동일한 물건으로 구매할 것.

     ex) 반투명케이스 (×), 다이요우덴 Printable DVD (×)

2. 자켓을 인쇄한다.

(1) 음반 견본을 들고 충무로 태산인디고에 간다.

(2) 친절해보이는 사람에게 다가가서 다음과 같은 이야기를 나눈다.

　　불세출 : 예전에 불세출 혹은 박제헌(다 없으면 김용하 최덕렬) 이름으로 작업했었는데요, 똑같이 찍고싶어요.

　　인쇄소 : 네 찾아드릴게요. 아 여기 있네요.

　　불세출 : 그대로 해주세요. ㅎㅎ.

　　!!!!개중요!!!!

　　＊ 앞면.pdf 의 1페이지는 제외해야 함

　　＊ 앞면 뒷면이 작업내역에 다 들어있는지 확인요망(뒷판은 inray.pdf 좌우회전 양면인쇄).

(3) 견본을 보여주며 미흡했던 점을 어필한다(호치키스 삑사리/재단 어긋남 등).

　　그리고 종이의 재질을 확인한다. ‘똑같은걸로 해주세요’ 라고 말씀드린다.

(4) 지시에 따라 입구 좌측의 컴퓨터를 활용해 불세출 엔드라이브/문서/etc 의 앞면.pdf 와 inray.pdf 를

　　인쇄소 해당폴더에 업로드한다.

(5) 견적 영수증을 떼고 퀵으로 받거나 기다렸다 가져오거나를 선택한다.

(6) 영수증을 박제헌에게 넘긴다.

3. 준비물과 자켓의 배송이 완료되면 지원군을 모집하여 연습실로 모인다.

4. 다음과 같이 역할을 나누어 작업을 진행한다.

(1) 공씨디 : 공씨디 표면에 프린트로 먼저 색깔을 입힌 후!!!!!씨디의 내용물을 굽는다.

(2) 케이스 : 케이스를 안전하게 분해하고, 조립 후에 고운 천으로 지문을 지우는 일까지 겸한다.

　　우석이가 하고싶다고 하면 다른 일을 시키자.

(3) 재단 : 견본을 참조하여 뒷면이 접힐 곳을 잘 가늠하여 일정한 크기로 재단한다.

　　너무 세게 자르면 아예 분리되어버리므로 커팅매트와 노란색 커팅칼을 잘 활용할 것.

(4) 조립 : 윗 과정을 거친 재료를 조립하고, 케이스 앞면에 자켓을 넣고 뚜껑을 닫는다.

(5) 포장 : 조립완료된 케이스를 고운 천으로 잘 닦고, 비닐이 울지 않게 섬세한 손놀림으로 잘 포장한다.

5. 공장의 인부가 된 것만 같은 기분을 만끽하며 필요 갯수가 충족될때까지 작업한다.

　　작업이 끝났으면 ‘인간적으로 인건비 받아야 되는데’ 따위의 무의미한 대화를 잠시 나눈다. 끝.

피땀어린 결과물(상), 한땀한땀 조립(하)

벽에 굽기를 완료하고 케이스 조립까지 마쳤다(앞 페이지 참고박스 참조). 다음날이 되어 출발했고, 기분좋게 차 안에서 음반을 감상하던 중 CD가 튀기 시작했다. 너무 고배속으로 구워서 탈이 났다는 게 우리의 진단 결과였다. 빨리 구워진다고 좋아하더니 왜 이제 와서 내 컴퓨터 욕하냐며 역정을 내던 박제헌의 모습이 눈에 선하다. 휴게소에서 만나 CD를 분배한 뒤 다시 내려가는 차 안에서 불량품을 일일이 걸러냈고, 이 작업은 도착 후에도 계속되었다.

연속된 기적 덕분에 수많은 난관을 헤치고 별탈없이 공연을 마쳤다. CD는 로비에서 절찬리에 판매되었다. 물론 소규모 공연장이었고, 우리는 많이 부족했고, CD는 불량률이 높았다.[8] 하지만 할 수 있는 최대의 노력을 기울였고, 잠재되어있던 가능성까지 모두 끌어내 보였다고 자신있게 말할 수 있다. 전주공연과 음반 제작 사건은 취미밴드 급에 머물러 있던 우리가 다음 단계로 올라설 수 있는 계기가 되었다.

12월에는 일본에서 김용하의 첫 해외 독주회가 있었다. 불세출 전원이 참여하지는 않았지만 김용하가 우리를 잘 먹인 덕에 짧게나마 신명나게 마시고 놀

---

8 한 사람에게 몇 번이나 택배로 교환해준 사례도 있다. 동네망신.

전주공연을 마치고 한 컷

았다. 크리스마스 무렵에는 김용하, 배정찬의 사물놀이 스승님의 초대로 수원에서 공연을 했는데, 캐롤을 꼭 연주해달라고 하셔서 급히 편곡해 무대에 올리게 되었다. 기존 레퍼토리를 40여 분간 팔이 빠지도록 연주하고, 처음 해보는 일이라 내심 걱정을 하며 캐롤을 연주했는데, 반응은 당황스러울 정도로 뜨거웠다. 기분은 좋았지만 뭘 위해 땀흘려가며 우리 곡을 연주했던 걸까 싶어 조금 씁쓸했던 기억. 뒤풀이로 치킨집을 빌려놓으셨던 3월 양평 서종마을에서의 공연, 배정찬 덕분에 인생 장어구이를 흡입했던 10월 진주 연등축제 공연 등도 기억에 남는다.

양평 공연 리허설 중

진주 연등축제 공연 리허설 중 무대 위에서

우연의 음악

지옥가를 듣고 반해 우리와 함께 일해보고 싶다는 특이한 친구가 나타났다. 한국예술학과 시절 인사만 몇 번 나눴던 김미지였다. 우리가 무섭다며 연습실에 오기를 힘들어하더니 각자에 대해 알고 싶다며 설문지를 돌리고, 이어 서울문화재단에 '우연의 음악' 이라는 타이틀로 기금 신청을 해 기금을 받아냈다.

불세출 창단 이래 가장 중요한 공연이었기에 무지막지하게 연습을 했다. 그 와중에 포스터가 나왔고, 프로필 사진도 찍었고, 남들 다 하듯 유튜브에 영상도 공개하고, SNS로 왕성하게 홍보도 하고, 헤어샵에서 단체로 머리도 하고, 디자이너까지 고용해 의상도 한참을 골랐다. 갓 공연장으로 탈바꿈한 구 서울역사의 오래된 공간을 대관했고, 조명감독의 아이디어로 이 공간에서 우리가 연습실에서 앉듯 둘러앉기로 했다. 시나위를 좀 더 강조해 재구성한 풍류도시, 2집 음반에서 다스름을

제외한 5곡, 그리고 '우연의 음악'이라는 모호한 제목의 길고 어려운 곡을 연주했다.

몇몇 문제들이 있었지만 결과적으로 공연 자체는 성공리에 막을 내렸다. 김미지의 아이디어로 최덕렬이 제작한 '우연의 음악' 말고는 다 좋았다는 평이 대다수였다. '우연히 음악이 되었을 뿐이다'라는 평이 유난히 기억에 남는데, 그 뒤로 나는 기승전결이 불분명한 곡은 만들지 않기로 굳게 다짐했다. 아무리 빛나는 순간들이 산재하더라도 보통 사람들의 기대감을 충족시키지 못하면 아무 소용이 없다는 결론에 도달했기 때문이다.

방법론적인 문제뿐 아니라 주요 아이템으로 삼은 소재 자체에도 문제가 있었다. 곡의 주요 선율 아이디어들을 단원 각자가 창작하면 최덕렬이 이를 종합하는 방식이었는데, 적당히 연습할 때도 친구의 즉흥연주에 지기 싫어 같은 가락을 늘 다르게 연주하는 인간들이 만든 선율[9]들이 과연 어땠겠는가. 선율간의 공통점은 당연히 없고, 어렵고, 악기를 직접 연주해보았기에 그 속내를 잘 아는 사람이 들으면 '와 이 악기로 이런 선율을 연주하다니'라고 생각할 가능성이 있지만 대개는 그런 점을 알아채지 못하고 흘려 들을 그런 선율들

---

[9] 편의상 선율로 지칭했지만 선율이라 부르기 어려운 것들도 많았다. 물론 알아듣기 쉬운 선율만 모으는 게 원래의 목적은 아니었다.

이었다. 나는 이 선율들이 모두 좋았지만, 정말 어려웠던 게 사실이었다. 그런 선율들을 한데 뭉쳐 음악이 되도록 하다 보니 기괴한 결과물이 탄생하고 말았다. 물론 따로 떼서 들어보면 좋은 구석이 제법 있는데 관객들에게는 아무래도 잘 전달되지 않은 모양이다. 주제곡은 폭망했지만 공연 자체는 성공했기에 반보 후퇴와 일보 전진을 동시에 한, 첫 기획공연이었다. 우연의 음악을 마치고 나자 7년 만에 드디어 '데뷔'했다는 생각이 들었다.

커먼플레이스 상설공연

우연의 음악을 준비하던 와중 7월 매주 금요일마다 명동의 복합문화공간 '커먼플레이스'[10]에서 상설공연을

---

10 공간의 의도는 좋았으나 2014년에 문을 닫았다.

하게 되었다. 전시장소로 쓰이는 작은 공간의 가설무대에서 관객들을 2미터 앞에 앉혀두고 공연을 해야 했다. 단원 전원이 다 올라갈 수 없는 크기의 무대였기에[11] 회차별로 출연진을 나누고, 곡을 골라 분배하고, 재구성했다. 애장품 선물, 무료 레슨, 음반 증정, 우연의 음악 티켓 증정 등의 이벤트도 처음으로 준비해보았는데 관객들의 열정적인 참여에 놀랐다. 사람들이 생각보다 공짜를 무척 좋아한다는 걸 체감할 수 있었다.

공연은 매번 대체 왜 그리도 떨렸던 걸까. 떨리는 내 손가락이 눈에 들어오니 정신이 혼미할 지경이었다. 이 경험 덕에, 난 죽도록 연습해야 보통 사람처럼 연주할 수 있다는 교훈을 다시금 되새겼다.

앵비 12잡가 프로젝트

경기소리그룹 앵비와 12잡가를 소재로 공연을 만들게 되었다. 경기잡가 12곡을 짤막하게 다듬고 반주를 입히는 작업이었는데, 선율은 원형 그대로 유지하는 반면 반주는 대중지향적으로 붙여야 했다. 곡수가 많았기에 김용하와 최덕렬이 12곡을 나눠 작업을 했다.

우연의 음악을 준비하느라 소진된 바람에 곡을 무척 늦게 주게 되었지만 다행히도 공연은 큰 사고 없이 마무리되었고 나름대로의 호평을 받았다. 대중성 획득을 목표로 했던 곡들은 80% 이상 의도대로 나와주었다. 나도 대중적인 작업을 할 수 있을 것 같다는 가능성을 발견한 공연이었다.

이외에 박제헌의 짝 출연, 백화수복 뒷병 병나발과 배정찬의 탈의본능을 목격한 장수에서의 합숙, Take 시리즈가 탄생한 북촌창우극장에서의 이준 단독공연 '바람은 어디로 흐를까'도 기억에 남는다. 이 많은 일들을 하며 개인적으로는 대학원에서 2회의 기말연주까지 치렀다. 당시에도 너무 힘들다고 생각하긴 했지만, 돌아보면 우리 모두와 개개인을 성장시켜준 시간이었음은 확실하다. 물론 지금 하라면 이때처럼 무지막지하게는 안 할 거고, 해내지도 못할 듯.

<hr>

11 https://goo.gl/l1pPUq

커먼플레이스 공연 때에는 다들 한껏 꾸몄다.

북촌창우극장에서 'Take 3' 연주 중

국립무용단과의 '팜므파탈'을 준비하며 2014년을 시작했다. 1월 중순의 공연이어서 연초부터 무척 바쁘게 움직였다. 우리는 1부의 음악을 맡았는데, 일부분을 제외하고는 우리의 기존 음악에 춤을 맞춰 추는 형태였기에 그리 어려운 작업은 아니었다. 난방도 안 틀어주던 별오름극장에서 홍보용 사진을 찍느라 벌벌 떨었던 게 오히려 고생이라면 고생. 뒤풀이에서 맥주 피처에 소주를 콸콸 부어 소맥 잔뜩 만들어놓고 얼마 안 있다 혼자 도망간 배정찬 잊지 않겠다.

4월에는 싱가폴에서 열린 종교음악축제에 다녀왔다. 축제의 특성상 전통 원형에 가까운 공연들이 많았고, 이런 음악을 찾아 듣는 외국인들이 한국 전통음악에 관심이 없는 보통 한국사람보다 우리 음악에 더 잘 공감할 수도 있겠다는 생각이 들었다. 3일간 4회의 공연동안 한 번도 안 빠지고 찾아온 전통 의상의 동남아 계열 아저씨가 계셨는데, 그분이 영어를 못 하셔서 한 마디도 통하지 않았지만 그분의 눈빛으로부터 마음을 읽을 수 있었다. 똑같이 전통음악을 연주하는 입장이었지만 그분에 비하면 우리는 너무 현대문명에 물든 건 아닌가 하는 생각도 들었다. 한편 싱가폴은 정말 더웠다. 천국이 있다면 분명 에어컨이 빵빵한 곳일 거라고, 에어컨이 있는 실내에 들어갈 때마다 생각했다. 들고

갔던 악기들은 단기간에 너무 습기를 많이 먹어서 맛이 가버렸다.

6월에는 2010년에도 다녀온 적이 있는 인천아트플랫폼에서 '우연의 음악'이라는 타이틀로 단독공연을 했다('우연의 음악'을 연주하지는 않았다). 제법 큰 규모로 이틀간 하는 공연이어서 무대, 조명, 음향 등에 꽤 공을 들였다. 공연을 어떻게 했었는지는 사실 잘 기억이 나질 않고, 인천의 어느 고등학교에서 단체관람을 와 공연 이후 우르르 몰려 단체사진 찍었던 것, 공연장이 차이나타운 바로 옆이라 회식하러 갔는데 서비스를 부탁드리며 군만두를 시켰더니 나중에 계산서에 포함되어 있던 것, 열심히 뜯어먹은 공갈빵, 끝나고 오는 길에 차 자리가 없어 나 혼자 지하철 타고 쓸쓸히 돌아왔던 것 등이 기억난다.

얼마 후엔 첫 '신나는 예술여행'도 다녀왔다. 선곡 실패 덕에 뜨뜻미지근했던 영주 어느 초등학교에서의 공연을 마치고, 다음날 공연을 위해 천안으로 이동해 호서대 앞의 어느 숙소에서 월드컵을 기다렸다. 새벽 경기였고 밥과 술도 워낙 잘 챙겨먹은지라 다들 비몽사몽이었는데, 전우석은 아이패드를 하며 기다리다 패드를 하던 자세 그대로 잠들어버렸다. 자다 깨서 본 경기는 졌고 당연히 재미도 없었다. 박주영 따봉이 나왔던 경기. 천안 KTX 환승역에서의 공연은 우리 음악과 이런 공간은 정말 안 어울린다는 점을 여실히 드러내 주

덜덜 떨며 찍었던 '팜므파탈' 홍보 사진

었다. 공연 전체를 보아야 중반부의 지루한 구간도 다 목적이 있었음을 알게 되는데 관객들이 대부분 잠시 보다 열차시간이 되어 떠나버리니, 뭔가 꽤 손해를 보는 기분이었다.

7월엔 tvN에서 야심차게 준비한 '국악 스캔들 꾼'이라는 국악 프로그램에 출연했다. 사전 인터뷰에 스케줄상의 문제로 최덕렬과 김용하만 갔더니, 너희들을 알릴 이런 방송에 어떻게 둘만 덜렁 올 수가 있냐는 투로 반응을 해서 기분이 이미 상해 있었는데, 본 방송 촬영을 가보니 아니나 다를까. 그쪽의 기준에서 보자면 우리만 바보인 게 맞았다. 우리를 제외한 모든 출연자가 전형적인 퓨전국악을 하고 있었기 때문이다. 공연 직후 이어진 심사 역시 '왜 스스로 어려운 길을 걸어가는가'에 대한 이야기가 대부분을 차지했다. 이럴 거면 대체 우리를 왜 부른 건지 알 수가 없었다. 전국을 돌아다니며 이와 비슷한 공연을 벌리고, 심사위원의 마음에 드는 출연자들을 뽑아 거대한 한판의 무대를 만드는 게 애초의 기획이었으나, 이는 당연히 무산됐다. 프로필에 쓸게 한줄 더 생겼고 연주영상[12]이 남았다는 데에 의의를 두기로 했다.

4월의 싱가폴만큼 더웠던 8월에는 앵비와의 12잡가 공연을 다듬어 무대에 올렸다. 작년 공연 때 조금 부족했던 몇몇 곡을 더 대중적으로 다듬어 다시 올렸고, 결과는 좋았다. 그와 동시에 직장이 없는 가, 거, 해, 타, Etc 5인이 뭐라도 해보자는 취지의 불세출 프리랜서 프로젝트 '불세출밴드' 공연도 준비했다. 없는 시간을 쪼개 열심히 모였지만, 서로 생각하는 방향이 달랐고 너무 바빴기에 뭘 어떻게 손댈 시간도 없어, 갓 완성된 곡들을 어거지로 무대에 올린 결과 뒤죽박죽의 공연이 되었다. 이 일로 김미지로부터 어디서도 들어본 적이 없는 수준의 혹독한 비평을 받았으며 그 타격으로부터 회복하는 데에 꽤 오랜 시간이 걸렸다. 능력이 없는 게 아니고 방향을 잘못 잡은 거라고 열심히 둘러댔지만, 방향을 잘못 잡는 것도 능력 부족에 의해 일어난다는 간단한 사실을 깨닫기 힘들었기 때문이다. 한편으로는 우리의 시도들이 극한의 지점을 추구했기에 '앞으로 거기까지는 가지 말자'라는 한계점을 파악하는 계기가 되기도 한 공연이었다.

한숨 돌릴 새도 없이 10월에 있을 기획공연 '종로풍악방'을 준비했다. 북촌, 서촌 일대의 소규모 공간에서 40명 내외의 관객을 모아 매주 일요일마다 공연을 벌이는 프로젝트였다. 장소의 특성상 독주곡이 잘 어울

---

12 https://goo.gl/tgXVMP

천안 KTX 환승역에서의 공연

불세출 프리랜서 프로젝트 '불세출밴드' 공연

릴거라는 판단 하에 독주곡을 만들 네 명을 정하고, 기존 레퍼토리를 공간의 특성에 맞게 분배하고, 공연 전체를 꿰뚫는 테마곡 '종로풍악'을 만들기로 했다. '종로풍악'은 '우연의 음악' 때처럼 온전히 나 혼자 짐을 짊어져야 했기에 작년의 뼈아픈 실패를 되새기며 이를 갈았다. 보통 사람, 국악 주요 레퍼토리들을 아는 사람, 그냥 음악 애호가, 국악도 듣는 음악 애호가 등을 두루 만족시킬 수 있는 곡이 되었으면 했다. 4주간 '종로풍악'을 올려본 결과는 평타. 일단 곡이 너무 따끈따끈해 연주력이 50% 밖에 나오지 않는 상태였고, 좋은 음향 밸런스로 전달되어야 진가가 드러나는 곡이었는데 공간의 상황 상 그럴 수가 없었다. 이 또한 이럴 줄 알면서도 곡을 늦게 주고 공간이 그런 곳인 줄 알면서도 곡을 그렇게 쓴 나의 잘못이리라. 영원한 죄인 작곡자의 상황은 이러했고, '종로풍악방' 공연 자체에 대해서는 우리는 만족했다. 물론 많이 부족했으나 결과로부터 많은 배움을 얻었기 때문이다. 이런 공간에서 규칙적으로 소정의 출연료를 받아가며 공연할 수 있다면 참 좋겠지만, 예나 지금이나 희망사항은 희망사항일 뿐 현실은 늘 머나먼 곳에 있다.

이 4번의 공연을 하는 사이사이에도 많은 일이 있었다. 일단 빠름의 대명사 박제헌이 우리 중 누구보다도 빠르게 결혼을 했다. 너무 빠르게 날을 잡은 바람에 '종로풍악방' 공연날짜와 겹쳐 출연하지 못하게 되기

도. 전북 부안에서 어느 때보다도 신나게 '신나는 예술여행' 공연을 마치고 부안 특산품 백합조개 전문점에서 행복한 식사를 하기도 했다. 어느 선생님의 소개로 전인권밴드와 사물놀이로 협연을 하는 기이한 경험도 했고, 뒤풀이로는 피순대와 전일수퍼 가맥을 흡입한 뒤, 그 다음날은 전주소리축제 낮 무대에서 공연을 했다. 우여곡절 끝에 여섯 명만 가게 되었는데 주최측에서 시간 축소를 요구해 20분만 연주하고 내려와 날로 먹었다며 신나했던 청주공연, 열정적인 지휘가 인상적이었던 수원 화성에서의 김도균, 강권순, 재즈밴드와의 협연 등도 기억에 남는다.

집에서 이틀정도 잤을까. 전북도립국악원 무용단의 '행복동 고물상'이라는 무용극을 준비하러 전주에 곧바로 또 내려갔다. '팜므파탈' 때와 마찬가지로 우리의 기존 레퍼토리를 최대한 활용하는 형태의 공연이어서 큰 부담은 없었다. 어느 무용 선생님께서 보러 오셨고, 전주에서 국악을 하는 학생이 팬이라며 찾아왔던 마지막 공연을 공연장 측의 음향장비 문제 덕분에 말아먹은 것 말고는 별 일은 없었다. 곧 잊고, 신나게 떠들고, 먹고 놀고 마셨다. 삼백집보단 현대옥이다.

공연을 마치고 올라온 바로 다음날 김용하가 수시로 오가던 경기도 광주의 어느 산속 공간에서 모 사단법인 발족식을 위한 공연이 있었고, 마치고 잠시 앉아 있다 곧바로 집으로 가 짐을 쌌다. 시안 총영사관의 초

보인여관 뒷마당

전인권 아저씨와 함께

시안대학에서 리허설 후

청으로 5일간 중국에 다녀와야 했기 때문이다. 비자를 미처 체크하지 못한 덕에 공연 자체가 취소될 뻔 했지만 영사관의 힘으로 임시 입국허가를 받아 무사히 출국했다. 한 달이 넘도록 제대로 쉬지를 못해 다들 힘들어했지만 회족들이 모인 시장에서 정통 양꼬치를 맛본 전우석, 김용하, 최덕렬은 맥주를 마실 수밖에 없었다. 물론 배정찬은 한국에 돌아갈 때까지 취해있었다.

시안 음악대학과 삼성 공장에서의 공연을 마친 소감은, 역시 불세출 음악은 참 어렵고, 대중들에겐 그나마 지옥가가 가장 인기가 많다는 점. 많은 대중들에게 인기를 끄는 것이 우리의 목표가 아니기에 어렵다는 사실 자체는 별로 상관이 없다. 다만 하고 싶은 음악을 하면서도 좀 더 많은 사람들과 공감을 하고 싶다는 마음은 인간이라면 당연히 먹게 되는 것이기에 어떻게 해야 두 마리 토끼를 다 잡을 수 있을지 늘 고민한다. 아직도 잘 모르겠지만 확실한 것 하나는, 대중들보다 우리 스스로를 만족시키는 게 더 어렵다는 것이다.

모두의 마음에 드는 밥집을 못 찾아 결국 세 팀으로 나눠져 밥을 먹었던 강화도 공연, 겨울이었는데 대기실 상황 때문에 공연의상만 입고 야외로 이동하느라 벌벌 떨었던 전남대학교에서의 공연, 늦깎이 최덕렬의 석사 졸업연주 등을 하며 2014년을 마무리했다. 참 바빴던 한해였다.

2015

2014년 9월 남짓부터 준비한 음반 제작 소셜펀딩이 지인분들 및 알지 못하는 감사한 많은 분들의 도움 덕에 다행히 성공했다. 그리하여 1월 한 달간을 매일같이 만나 연습하며 몸을 만들고, 2월 초 진주에 있는 녹음실 근처에서 먹고 자며 음반녹음을 하게 되었다.

녹음실에 들어가자 여러모로 부족하다는 게 여실히 드러났다. 연습할 때와 마찬가지로 한 공간에서 녹음하는 방식을 선택했기에 사소한 것 하나라도 틀리면 꽝이나 마찬가지였고, 틀린 사람이 사과한 뒤 다시 처음부터 연주하기를 수없이 되풀이했다. 녹음한 것을 듣고 나서야 무엇이 문제인지 그제서 깨닫는 일을 수차례 반복한 끝에, 제법 괜찮은 연주가 음반에 담겼다. 하루 녹음 일정을 마친 뒤 근처 맛집이나 숙소에서 먹고 마시며 웃고 떠들던 순간은 참 행복했다. 진정한 의미로서의 노동을 마치고 퇴근해 편하게 쉬는 기분이 들었기 때문일 듯. 여러 사정상 후반작업이 오래 걸린 덕에 음반은 7월이 다 되어서야 나왔다. 데뷔 8년만에 나온 정규음반이었다. 전문 프로듀서의 지휘 하에 체계적으로 활동해왔다거나 우리 곡이 대박이 나서 음반 제작자들로부터 러브콜을 받았다면 더 일찍 낼 수 있었겠지만, 이 서로 다른 여덟 명이 어떻게든 자립해온 끝에 첫 음반을 만들어냈다는 게 감격적이었다. 반면 이제야 제대

연주할 땐 진지한 박제헌

2015년 정규 앨범 쟈켓

로 된 밴드로서의 첫걸음을 뗐다는 생각도 좀 들었다.

봄이 되었고, 박제헌의 외삼촌이 계시는 곡성으로 올해의 첫 '신나는 예술여행'을 다녀왔다. 늘 그렇듯 경기민요를 하고 나서야 공연 분위기가 겨우 살아났지만, 역시 전라도여서 그런지 육자배기를 더 했어야 한다며 아쉽다는 할머니도 계셨다. 공연 이후 뒤풀이로 먹은 석곡식당의 석쇠불고기는 매우 맛있었다. 각 1인분을 게 눈 감추듯 흡입하고 추가로 시켜서 또 먹었다. '이 맛에 공연하고 다니지'라고 진심으로 생각했다. 투르크메니스탄 대통령 방한 기념으로 청와대에서 다른 여러 팀들과 함께 공연을 하기도 했다. 국빈 방문행사임에도 불구하고 공연의 전반적인 질은 매우 낮았다. 청와대 시설은 생각보다 촌스러웠고 청와대 식당 밥은 맛이 없

었다. 박근혜 전 대통령을 2미터 앞에서 영접하는 영광을 누리기도. 이 무렵 김용하도 유부남 대열에 합류했고, 우리는 풍류도시를 결혼식에서 연주했다.

5월의 햇볕이 너무 뜨거워 리허설 때 고생한 국립국악원 야외무대에서의 공연 이후, 부산 해운대로 당일치기 공연을 다녀왔다. 호텔 대형 연회장에서 부산 어느 와인스쿨 정기모임의 축하공연을 해야 했는데 대체 우리를 왜 부른 건지 전혀 알 수가 없었다. 우리 말고 따로 온 연주팀의 탈을 쓴 걸그룹이 공연할 땐 취객이 무대에 올라와 연주자와 춤을 추기까지 했는데, 그 상황에서도 덤덤한 그들의 모습을 보니 우린 아직 멀었다는 생각이 들었다. 직장 일정 때문에 박계전은 비행기를 타고 50분 만에 날아왔는데, 알고 보니 김해공항

에서 지하철을 타고 해운대까지 이동하느라 1시간 반을 쓰는 고생. 공연을 마치고 김용하와 부산에 남아 해운대 해변에서 술을 퍼마시고, 방에서도 마시고, 돼지국밥으로 해장하고 올라오는 길에 택시기사님의 광란의 질주 덕에 문 닫히기 직전에 열차에 올라탄 뒤 안도의 한숨을 내쉰 기억이 생생하다.

6월 초 어느 날에는 박제헌의 소개로 세종시 신축 주상복합 모델하우스 앞에서 며칠간 공연을 하게 되었다. 오죽하면 국악공연을 부르겠나 싶어 사람이 와글와글하리라 기대했지만, 막상 가보니 우리 무대는 모델하우스 뒷문 방향의 주차장 한 구석이었다. 모델하우스 진행요원들과 컨테이너에서 함바집 밥을 먹고, 멘트를 부탁받아서 무대에 올라갔지만, 멘트를 들어줄 관객은 단 한명도 없었다. 소리가 나니 30초 정도 지켜보다 지나가는 모델하우스 방문객이 전부였다. 서울 출신의 가야금 3중주, 사물놀이, 불세출의 빵빵한 라인업이었지만 그러거나 말거나 투자하러 온 방문객들이 알 바가 있나. 이정도로 황량하고 무반응인 곳에서 공연을 해본 적은 태어나서 처음이었다. 간간히 들리는 진행요원들의 박수소리에 오히려 속이 상할 지경이었다. 3일차쯤 되자 누가 듣거나 말거나 될 대로 되라는 식으로 연주하는 우리 모습을 발견했다. 딱히 될 대로 될 것도 없이, 듣는 사람은 어차피 아무도 없었기에 연습할 때보다도 더 무신경하게 연주했다. 짧은 기간이었지만 이때

생긴 마음가짐덕분에 이후 꽤 고생을 했다. 6월 말엔 김진욱 형이 결혼을 했고 풍류도시는 결혼식 축하연주 2관왕을 달성했다.

7월 초에는 우리가 언젠간 오를 수 있을까 싶었던 그 무대, '여우樂 페스티벌'에 출연하게 되었다. 수년전 시작되자마자 매진 사례를 기록한 여우樂 페스티벌은 젊은 국악그룹에게 있어 '핫함'의 지수를 판단할 수 있는 척도나 마찬가지였다. 시간이 넉넉하진 않았지만 할 수 있는 최대의 연습을 했고, 재즈보컬 나윤선씨의 시 낭독을 비롯하여 최고의 스텝들과 함께 무대를 꾸렸다. 공연을 마친 우리의 소감 및 주위에서 해준 공통적인 이야기는 '포장을 잘 하니 내용물이 비로소 제 빛이 난다'라는 것. 연초의 음반 녹음과 잦은 공연 덕에 물올랐던 우리의 연주력이나 곡의 완성도는 둘째 치고, 온전히 출연자들을 위해 움직여주는 프로페셔널한 스텝들이 있으니 무대에 서는 마음가짐 자체가 달라지는 경험을 했다. 여태껏 가장 떨렸고, 가장 큰 무대였고, 가장 중요한 무대였지만 오히려 안정적인 연주를 할 수 있었다. 정신을 분산시키는 여러 요소들로부터 자유로워 질 수 있었기 때문이 아닐까. 개인적으로는, 방법은 모르겠지만 역시 출세하고 봐야 한다는 결론에 도달했다. 앞으로 더 좋은 공연을 하리라는 자신감을 가져야겠지만 이 정도의 컨디션에서 연주하는 일이 자주 있을지는 미지수이기에, 여우樂 페스티벌 출연은 소중한 경

험이었다. 한강 둔치에서 강바람 쐬며 밤늦도록 수다를 떨었던 뒤풀이는 무척 즐거웠다.

8월엔 MBC '문화사색'이라는 다큐에 출연했다. 이런 쪽으론 다들 재능이 전혀 없기에 어색함을 극복하느라 고생. 내용은 여태까지의 활동 내역을 정리하고 짤막한 공연 실황과 포부를 담는 수준이었지만 안국역 호프집 뒤풀이에서의 촬영은 꽤 기억에 남는다. 맥주

500cc 잔을 들고 건배를 할 수는 있었지만 방송 때문에 마실 수는 없었던 일, '하고 싶은 대로 해 왔더니 비록 많은 수는 아니지만 관객들이 꾸준히 좋아해 주셨으므로 앞으로도 하고 싶은 대로 하겠다'라는 내용의 박제헌의 멘트 덕분이다.

여름이 절정이었던 8월 말에는 2008년 이후 우리를 꾸준히 챙겨주신 허윤정선생님의 초대로 북촌창우

극장 인근에서 벌어진 '북촌우리음악축제'에 출연했다. 야외무대 3개를 번갈아 돌리는 방식으로 운영되어 리허설도 제대로 못 하고 무대에 올랐는데, 하필 우리 차례에 비가 슬슬 내리기 시작했고, 악기가 살짝 젖을 정도가 되어 곡을 연주하다 말고 내려왔다가 다시 무대에 올랐다. 시커멓고 축축한 극장이 아닌 잔디밭이라 일단 기분이 상쾌했고, 소나기 수준의 비가 왔는데도 우산을 쓰고 기다려 주신 관객분들 덕에 제법 재미있게 연주를 했다.

10월 말엔 불가리아 대사관의 초청으로 불가리아와 마케도니아를 다녀오게 되었다. 중요한 날이면 으레 그렇듯 김용하는 늦잠을 잤고 잠옷을 입은 채로 거의 한 시간 늦게 헐레벌떡 공항에 왔지만, 김미지가 우리를 출국 3시간 전에 공항에 불러놓은 덕에 김용하의 지각은 별 일이 아니게 되었다. 김용하 도착 이후에도 한참을 기다리다 출국했으니 말이다. 타악그룹 '난타'와 함께 다녀온 공연은 한편으로는 무기력함을 느꼈지만 그럼에도 불구하고 좋은 경험이 되었다. 본인이 신났던 정도를 박수에 반영하는 건 모든 관객들의 보편적인 성향이겠지만, 동유럽 관객들은 한국 관객에 비해 꽤나 관대하다는 느낌이었다. 난타팀의 호응에 비하면 약소하기 그지없었지만 급히 편곡해 간 현지 민요가 가장 반응이 좋았다. 개인적으로 가장 기억에 남는 시간은 불가리아와 마케도니아간의 국경을 지나던 때이다.

적대시하지는 않지만 서로를 별로 인정하지 않는 두 국가 간의 국경을 차를 탄 채 넘을 수 있다는 게 놀라웠고, 국경 근처의 황량하면서도 한편으로는 한적했던 풍경 역시 잊을 수 없을 듯. 케밥집의 집시 꼬마, 전우석의 중고 스위스 시계, 오래된 요새 탐방 등의 추억이 남은 여가시간의 마케도니아 시내 관광도 재미있었다.

11월엔 막내 박계전도 유부남 대열에 합류했고, 풍류도시는 결혼식 축하연주 3관왕을 달성했다.

한편 최덕렬은 5년만에 석사모를 썼다. 그리고 얼떨결에 어느 악단의 계약직이 되었다. 워낙 바쁜 와중에 입사한지라 직장에선 직장대로 불세출에선 불세출대로 눈치가 보였다. 회사 돌아가는 시스템을 파악하기까지 무척 고생을 했고, 먼저 직장에 들어간 친구들의 애환을 그제서 깨닫게 되었다. 하지만 월급을 받다 보니 불세출에 대한 일말의 미안함과 양쪽으로 뛰느라 겪은 육체적, 정신적 고통까지 모두 사르르 녹아버렸다. 프리랜서가 창작활동으로 월급을 받을 수 있는 그 날이 죽기 전엔 올까? 그저 머지않은 일이기를 바랄 뿐이다.

"FLOWING CITY"
(City of Pungryu)
Течен град (Градот Пунрју)

Корејските учени луѓе во минатото уживале во романтиката со
пеење песни и пишување поезија во природа во групи. Во Кореја,
хармонијата која човекот ја создава со природата и ужива во неа
се нарекува „пунрју“, што значи „слободно течение“.
„Пунрју“ исто така е вид на традиционална корејска музика која
го содржи значењето на таквата слобода. БУЛСЕЧУЛ имаат за
цел да ѝ овозможат на публиката да го искуси духот на „пунрју“
за кој се смета дека е длабоко во срцето на секој Кореец.

난타팀 덕분에 우리도 열띤 기립박수를 받았다.

인간이 어디까지 나태해질 수 있는가를 스스로 시험하는 겨울 보릿고개를 무사히 견뎌내자 4월이 되었다. 꼭 한복을 입고 연주해달라는 주문이 들어와 오랜만에 한복을 입고 기타연주를 하게 된 덕수궁 야외공연으로 올해의 첫 불세출 공연이 시작되었다. 야외공연은 늘 변수가 많다. 바람 때문에 악보가 날아다녔고, 정오에 하는 공연이라 눈이 부셔 인상을 잔뜩 쓸 수밖에 없어 관객들이 오해하지는 않을까 싶었다. 한복 입고 기타치는 것 자체가 웃긴데 의자에 앉아서 더 웃겼고, 한복 때문에 기타가 자꾸 미끄러져 다리를 꼴 수밖에 없어서 더더욱 웃겼다. 굳이 하라면 하겠지만 웬만하면 한복 입고 기타치는 일은 피하기로 마음먹었다.

박계전의 명품 북 연주를 감상한 현불사에서의 오부리 이후, 김용하의 일본 레슨을 통해 연결된 기회로 도쿄에서 공연을 하게 되었다. 도심에서 약간 떨어진 작은 공간에서 한 시간 규모의 레퍼토리를 연주했다. 싸지 않은 입장료에도 불구하고 객석은 가득 찼고, 진심으로 우리 음악을 즐겼을지는 알 수 없지만, 관객들은 예의발랐다. 일정이 빠듯해 돌아다닐 시간이 없어 먹방을 충분히 못 찍었던지라 우리는 뒷풀이 술집에서 광란의 안주러시를 했다. 안주값은 물론 우리 돈으로 냈다.

5월 말 최덕렬이 직장인으로서의 마지막 소임을 다하며 몸을 불사르던 와중, KBS '불후의 명곡'에 송소희와 한 무대에 오를 기회가 생겼다. 직접 연습을 진행할 시간이 없고, 여러 악기로 반주를 달 시간도 없었기에 효과적인 악기만 골라 '해운대 엘레지'라는 오래된 트로트를 편곡했다. 차분한 이미지로 작업했기에 많은 대중들로부터 공감하기는 힘들 거라고 생각했는데, 송소희의 호소력 덕분인지 여러 편곡자들의 물량공세와 가수들의 기교 넘치는 열창들 사이에서 좋은 성과가 있었다. 물론 대충 던져줘도 알아서 잘 해주는 '세상에 다시 나오지 아니할 만큼 뛰어난' 연주도 한몫 했으리라. 해당 회차에서 우승을 했지만 방송답게 말도 안 되는 수준의 페이를 받았다.

6월 초 최덕렬은 다시 프리랜서가 되었고, 덕수궁 정관헌에서의 공연을 프리랜서로서 홀가분한 마음으로 맞이했다. 덥기도 덥고, 이른 아침에 출발해 천안에서 지방공연을 마치고 올라온 길인지라 꽤 지쳐있었지만 당시 막 결성 중이던 후원회분들이 다수 오신다는 소식에 없던 힘을 끌어내 열심히 연주했다. 공연 이후 이어진 후원회분들과의 첫 공식적인 뒤풀이는 처음 해보는 일이라 그런지 역시 어려웠다. 우리를 어필해야 하는지, 어필하겠다면 어떻게 활동할 수 있으니 믿어달라고 말씀을 드려야 하는 건지, 한편으로는 실질적으로 뭘 후원해주실 수 있는 건지, 아무것도 알 수 없었지만

후원회분들은 모두 인상이 좋으셨고, 맥주도 안주도 참 맛있었다. 6월 중순엔 벌레 피하느라 무슨 정신으로 공연을 했는지 기억이 안 나는 경주에서의 '신나는 예술여행' 야외공연 이후, 가깝다는 이유 하나만으로 즉흥적으로 포항으로 향했다. 횟집에서 다들 취하는 바람에 별일도 아닌 걸로 고래고래 소리 높여가며 싸움에 가까운 대화를 하고, 몇몇은 해변에서 해가 뜰 때까지 마셨다.

여행도 가고, 침대와 한 몸이 되어가기도 하며 백수로서의 생활을 만끽하다 보니 어느덧 8월. 아리랑TV에서 제작하는 국악프로 '아리랑 오딧세이'에 첫 게스트로 출연하게 되었다. 페이크 다큐 같기도 하고 예능의 요소도 조금 포함된 독특한 구성이었다. 거리 버스킹으로 유명세를 끈 외국인 안코드와 함께 몇 차례에 나누어 촬영을 했다. 환경이 열악하게 느껴져 다소 걱정을 했지만 본방으로 본 결과물은 제법 좋았다. 풍류도시에서 각 악기와 단원을 음향과 영상으로 부각시켜가며 소개하는 장면이 가장 인상적이었다. 이런 촬영은 늘 감사한 기회지만, 방송 이후 곧 잊혀져버리는 게 항상 아쉽다.

촬영기간과 거의 동시에, 경기소리그룹 앵비가 타 팀과 작업했던 음악극 '이상사회'를 번갯불에 콩 구워먹듯 불세출 버전으로 재구성해 무대에 올렸다. 남의 음악을 원곡과 다른 악기 구성으로 재현하고 거기에 우리의 색깔까지 넣으려다 보니 조금 피곤하긴 했지만,

덕수궁 정관헌에서 음향셋업 중

음악 만드는 작업 자체는 크게 어려울 게 없었고, 오히려 스텝진과의 불화 덕분에 무척이나 스트레스가 심했던 공연이었다. 셀 수 없을 만큼 다양한 성향의 사람들이 제각각의 가치관으로 살아가고 있는데도 인류가 아직 멸망하지 않았다는 게 그저 신기할 따름이다.

8월 말에는 후원회 '불나비'분들과 함께 함양에 다녀왔다. 우리 연주는 연습부족으로 인해 완벽하지는 못했다. 개인적으로 본 공연보다는 지각한 박계전의 야들야들한 상령산풀이와 김용하의 김용하류 음주산조가 더 좋았다. 일두고택은 잠이 매우 잘 왔고, 감사하게 매끼 얻어먹은 밥도 다 맛있었고(특히 카레), 다음날 둘러본 함양 곳곳의 명소들도 엄청 멋있었다. '불나비'분들과의 인연을 굳게 다진 소중한 시간이었다.

9월. 국립국악원 풍류사랑방에서 '금요공감' 공연이 있었다. 국악원 무대에 오르기엔 준비가 약간 부족하다는 느낌이었지만 '불나비'분들 덕에 객석은 꽉 찼고, 우리도 꽤 괜찮은 연주를 했다. 공연장이 공연하기에 썩 좋은 환경이 아닌지라 약간 스트레스를 받으며 연주했는데, 나중에 나온 영상[13]을 보니 불편함을 오랜 호흡으로 극복해냈다는 생각이 들어 뿌듯했다. 공연 전날 완성한 '비나리'는 음악과 공간이 잘 어우러진 덕분

에 무사히 데뷔했다. 공연을 마치고 '불나비'분들이 만들어 온 현수막을 들고 로비에서 사진을 찍어보니, 좀 멋쩍긴 했지만 기분은 좋았다. 공연마다 항상 오시는 팬분들이 생겼다는 사실에 든든해졌다.

개인 작업이 몰려 정신을 못 차릴 만큼 바빴던 와중. 매일 밤 편의점에서 코가 삐뚤어지도록 맥주를 사다 마셨던 일본에서의 공연을 한차례 더 소화하고, 10월 29일에는 돈화문국악당에서 '국악의 맛'이라는 타이틀의 기획공연을 했다. 공연은 늘 하던 대로 했고, 징걸이를 안 챙긴 바람에 징을 들고 지옥가를 연주하느라 팔뚝이 빠질 뻔 했던 것 말고 특별한 일은 없었다. 뒤풀이에 신규 회원을 대거 영입한 '불나비'분들이 어마어마하게 오셨고, 꽤 컸던 공연장 앞 음식점을 아예 전세 냈으며, 뒤풀이 진행에 음향 장비까지 사용되었다는 것 말고는, 그저 평범한 공연이었다. 후원회 사업이 어느 정도 규모로 진행되고 있는지를 간접적으로나마 체험한 기회였다.

이와 거의 동시에, 정말 부족한 시간을 쪼개고 쪼개 박계전의 첫 독주회 '타이틀'을 준비했다. 첫 독주회에 주인공 본인이 작곡한 곡을 5곡이나 넣는 무모한 도전은 험난했던 준비과정에 비해 괜찮은 결과물로 막을

---

13 https://goo.gl/thgTU3

즐거웠던 함양 워크숍 뒷풀이

내렸다. 본인의 이름을 걸고 준비하는 공연 때 만큼 남의 공연에 열성적으로 참여한다면 모두가 평화로울 테고, 반대로는 남의 공연의 객원연주자가 되었을 때의 입장을 생각해본다면 본인의 공연 때 객원들에게 기분 상할 일이 없겠다는, 공연을 준비할 때마다 하는 어차피 실현되지도 않을 쓸데없는 생각을 다시금 했다.

11월 중순에는 앵비와 함께 덕수궁 석조전 앞 분수대에서 4월 때와 같은 기획으로 공연을 했다. 바람도 날리지 않았고 눈도 덜 부셨지만, 무선마이크가 말썽을 부리는 바람에 되려 음향감독님이 고생을 했다. 주최 측 스케줄 덕분에 일주일 안에 몰아서 하게 된 하반기 '신나는 예술여행'은 아파트 단지 내 테니스장, 단지 내 지하 강당, 단지 내 조형물 앞 등 여태껏 경험해보지 못한 컨디션을 체험하게 해주었다. 기분이 나쁘지는 않았지만 이 관객분들을 조금이라도 더 좋은 무대에서 모실 수 있었으면 좋았겠다는 생각에 아쉬움이 있었다. 12월 30일, 국립국악원 예악당에서 잘나가는 선후배님들과 함께했던 국악방송 15주년 송년콘서트를 끝으로 2016년을 마무리했다.

10월 29일 돈화문 국악당 공연 뒷풀이

이명박, 박근혜 전 대통령 시절을 10년 간 알차게 겪은 우리는 곧 다음 대통령을 맞이한다. 이 글에 담을 수 없는 몇몇 '사태'를 포함해 10년 간 많은 일이 있었지만 어쨌든 우리는 다행히도 제법 멀쩡히 살아있고, 동년배 국악그룹들의 추이를 살펴보면 이는 드문 경우임이 사실이기에, 그간의 생존을 자축하기 위해 곧 10주년 공연을 준비하려 한다. 벌써 5월이 다 되었는데 제대로 정해진 것이 거의 없는 걸 보니 공연 전날까지 죽도록 고생할 게 눈에 훤하다.

하지만 이 서로 지독히도 다른 나머지 일곱 명과 함께라면 어떻게든 해낼 수 있을 것 같다. 망하지는 않겠지만, 행여나 망하더라도, 절치부심하고 다음 공연을 더 잘 하게 될 계기로 삼을게 분명하기에 크게 상관이 없다. 맛없는 식당에 한번 들어갔다고 앞으로 밥먹기를 관두겠다는 사람은 없을 것이다. 밥집을 못 골라 여길 가네 저길 가네 다툴 것이지만 끼니는 때워야 하기에 더 맛있는 밥집을 찾아 헤메듯, 지독하게 싸울 것이 불보듯 뻔하지만 계속 함께하리라고 마음먹었기에, 우리는 더 나은 음악을 향해 천천히 움직이고 있을 것이다.

10년 간 잘 버텼다. 30주년 공연은 손이 안 돌아가 제대로 못 치를 것 같으니, 20주년 공연을 준비하는 그날까지 어떻게든 살아남아 보자.

8인 8색, 불세출 단원들

거문고	전우석	피리, 태평소, 생황	박계전	대금	김진욱
해금	김용하	가야금	이준	장구, 소리	배정찬
기타, 작곡	최덕렬	아쟁	박제헌		

ⓒ 나승열

바위와 같은 든든함과 뚝심

거문고 | **전우석**

거문고 전우석

피리 박계전

대금 김진욱

해금 김용하

가야금 이준

장구 배정찬

기타 최덕렬

아쟁 박제헌

「불세출」이라는 이름은 2006년 한국예술종합학교에서 개최된 04학번 남학생들의 공연에서 기원한다. 거문고, 가야금, 해금, 아쟁, 피리, 대금의 여섯 명으로 구성되었는데, 관악의 두 명이 교체되고 작곡의 최덕렬, 장구의 배정찬이 합류하여 현재 불세출은 여덟 명으로 구성된 국악 앙상블로 활동하고 있다.

전우석은 네 명의 창단 단원 중 한 사람으로서, 불세출 초기부터 현재에 이르는 초기의 정체성을 간직하고 있는 거문고 주자이다.

전우석은 초등학교 시절 대전에서 성장하면서 피아노와 바이올린을 네 살 때부터 배우기 시작하면서 음악의 기본적인 소양과 실력을 쌓았다. 대전에서는 한밭문화제와 관련해서 가야금 병창 등 국악 관련 프로그램을 접하기가 쉬웠는데, 초등학교 5학년 때 우연히 친구를 따라가서 본 거문고의 자태에 반해서 거문고를 전공

하게 되었다고 스스로 설명한다. 평소에 음악을 즐기시던 모친의 영향에 의해 피아노를 배우게 되었는데, 어린 시절의 피아노 교습은 음악의 기본기를 익히고 본인의 소질을 확인하는 데 소중한 시간이 되었다. 모친의 권유로 국악중학교에 진학했고, 국악고등학교를 거쳐 한국예술종합학교에서 현재 불세출을 함께하고 있는 친구들을 만나게 되었다. 개인교습이나 객원 연주 등을 병행하면서 불세출을 중심으로 자신의 음악 활동을 이어가고 있다.

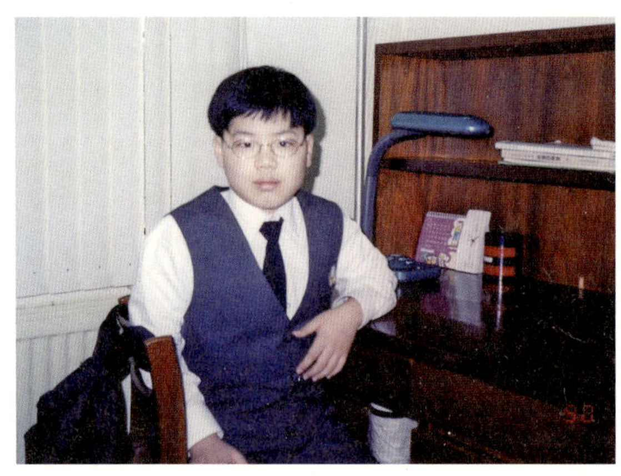

해금 주자이자 대표인 김용하, 가야금 주자 이준, 아쟁 주자 박제헌과 함께 초기 불세출 음악의 정체성을 형성했고, 불세출 특유의 공동 작업에서 다양한 아이디어와 의견을 제출하고 있다. 전우석의 거문고 연주는 남성 8인조 앙상블 안에서도 가장 강한 에너지를 표출하는 것으로 정평이 나 있다. 거문고라는 악기를 어떤 카테고리에 가두는 것 보다는, 그때 그때의 상황이나 곡에 따라 융통적으로 균형을 맞추는데 거문고가 역할을 할 수 있다는 점에 만족한다는 입장을 가지고 있다.

본업인 거문고 연주 이외에 다양한 동호회 활동과 여행, 사진 촬영 등을 취미로 하고 있고, 여러 곳을 다니면서, 현지의 다양한 문화를 경험해 보는 것을 즐기는 편이다. 여러 계기로 유럽의 여러 도시와 인근 중국, 일본을 여행했는데, 해당 지역만이 가지고 있는 요리문화에 관심이 많은 편이다. 음식이 맛있다 없다는 것을 판단하기 보다는 그 지역의 자연환경과 문화에 따라 그러한 요리가 탄생하게 된 배경 등을 살피면서 그 지역에 대한 입체적이고 공감각적인 이해를 추구하곤 한다. 많은 다양한 경험을 중시하지만, 꼼꼼하게 기록을 남긴다기 보다는 그러한 경험을 통해 얻은 강렬한 느낌을 기억하고 가끔씩 되살려 보는 것에 만족하는, 자유분방하고 감성적인 경험 향유를 즐긴다.

어린 시절 서양 고전음악을 공부한 덕분에 국악에 국한되지 않고, 다양한 음악을 폭넓게 즐기며, 다양한 음향기기에도 관심을 가지고 있고 욕심을 내는 편이다. 음악 이외 에도 미술품 감상, 독서 등 다양한 문화활동을 하고 있고, 많은 사람들과 만나 어울리는 것에도 개방적인 태도이다.

자신이 ‘전업’ 예술가이기는 하지만, 사람이라면 누구나 예술적인 소양을 가지고 있으며, 각각 가지고 있는 예술적 감각과 느낌을 적절하게 즐기는 것이 현대인의 삶을 풍성하게 하는 요인이 된다는 입장으로서, 우연히 환경과 재능이 결합하여 예술에 종사하게 된 자신의 운명에 만족하고 감사하고 있다.

현대국악계에서 입지가 축소되고 있는 거문고의 중흥을 위해 여러 가지 구상을 하고 있기도 하다. 거문고만을 위한 곡들을 새롭게 작곡 한다든지, 기존의 거문고 곡들을 새롭게 연주해서 발표함으로써 거문고 만의 매력을 대중에게 널리 알리는 작업 등을 구상하고 있다. 이와는 다른 방향으로 철현금이라는 개량 현악기에 흥미를 가지면서, 자신의 음악세계를 확장해 보려는 구상을 가지고 있지만 10년차에 이르는 불세출 활동이 점점 바빠지면서, 아직까지 실행에 옮기지 못하고 있는 것이 전우석의 고민이다.

향후 국악연주에 최적화된 공연장을 설계해서 운영하는 것이 전우석의 원대한 꿈이다. 현재 음향기기와 공연장 설계 등에 관심을 가지고 있는 것도 이러한 미래의 포부와 관련되어 있다고 할 수 있다. 듬직한 풍모와 강력한 에너지를 겸비한 전우석의 꿈이 향후 불세출 20주년이나 30주년 쯤에는 어느정도 구현되어 있을지 기대해 봄직한 일이다.

© 나승열

도약을 꿈꾸는 막내, 피리 부는 소년

피리, 태평소, 생황　|　**박계전**

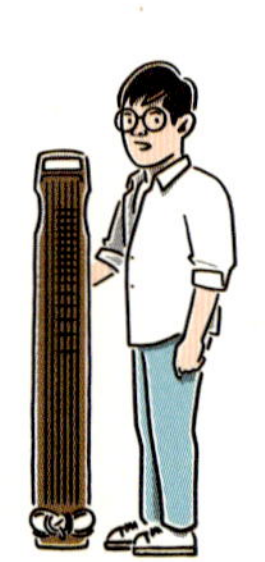

거문고 전우석

피리 박계전

대금 김진욱

해금 김용하

가야금 이준

장구 배정찬

기타 최덕렬

아쟁 박제헌

불세출의 피리 연주자인 박계전은 에두아르 마네의 '피리 부는 소년'을 연상시킨다.

선량하고 초롱초롱한 눈매도 그렇고, 여덟 명의 단원들 가운데 비록 1년 차이밖에 안 나지만 '막내'라는 자리가 주는 느낌 또한 소년병이라는 이미지와 맞다. 물론 육중한 몸집을 자랑하는 헌헌 대장부에게서 가녀린 소년 군악대원의 모습을 첫눈에 알아채는 것은 억지에 가깝지만, 선배인 동료들과 친근하게 어울리는 모습을 보거나, 함께 술 한잔이라도 기울이면서 조금 이야기 해 보면 병영에서 어른 고참병들의 부름에 이리 뛰고 저리 뛸 듯한 프랑스 근위대 소속 소년병의 모습이 어렵지 않게 떠 오른다.

박계전은 경기도 과천에서 태어났고, 국립극장 국악마당에서 활동하시던 어머니의 영향으로 초등학교 시절부터 방과 후 학습 활동을 통해 판소리와 사물놀이 등을 배우면서 국악에 입문했다. 피리 전공으로 국립국악중학교와 국립국악고등학교를 거쳐 불세출을 배출한 한국예술종합학교에 입학했다. 2010년, 현재 재직하고 있는 국립국악원 창작악단 단원으로 취업했으며, 같은 기간 예술공익요원으로서 군복무를 마쳤다. 대학교를 졸업하고 나서 취업을 하기보다는 보다 자유롭게 예술적인 모색의 길을 갈 것을 고려하기도 했지만, 기회와 사정이 들어 맞아 현재 직장에 취업했고, 정단원으로 8년째 근무하고 있다.

불세출 다른 단원들과 비슷한 국악중학교-국악고등학교-한국예술종합학교까지의 만만치 않은 경쟁과정을 거쳤으며, 한국예술종합학교의 커리큘럼 및 불세출 단원들과 만남을 통해 음악인의 기량과 예술인의 소양을 키워냈다. 국내유수의 전문 공공기관의 직원으로 활동하면서, 불세출 단원으로서의 활동을 병행해서 전문 연주가로서의 경력을 키워 가고 있으며, 2016년 첫 개인연주회를 개최하면서 연주자로서의 본격적인 전환점을 마련했다.

같은 또래 국악인들과 마찬가지로 박계전은 극심한 경쟁을 강요하는 과정을 거친 후, 자신만의 음악 세계를 펼쳐볼 수 있는 스타트 라인에서 막 몸풀기를 마친 상태다. 7년 간의 직장 생활과 불세출 활동을 통해 학창 시절 익힌 기본기를 다양한 환경에서 실험해 볼 기회를 가졌고, 남의 시선을 배타적으로 의식하지 않고 자신의 발전을 위한 타산지석으로 삼을 여유도 생겼다. 지난 2016년 가을 개인 독주회를 통해 5개의 자작곡을 발표함으로서 향후 자신이 추구할 예술활동의 지표를 제시했다. 독주회에서 연주된 곡들은 불세출과의 협의를 거쳐 독주곡에서 협주곡으로 편곡되어 공동의 작업 성과로 거듭나게 할 계획도 세우고 있다.

박계전이 활동하고 있는 불세출은, 원래 전통적으로 국악합주에서는 피리가 선율을 이끌어 나가는 중심 악기가 되는 것이 보통인데 반해, 현악기가 중심이 되는 곡들을 많이 연주하는 편이다. 30대 초반의 남성들의 왕성한 에너지가 현악기들을 통해 각축을 벌이듯 분출되는 가운데, 대금과 피리주자들은 상대적으로 소극적으로 참여해 왔다는 것이 박계전의 소감이다. 대금 주자인 김진욱과 마찬가지로 기존의 불세출에서 관악

기의 역할이 좀 더 적극적으로 활용되도록 노력하겠다는 것이 창단 10주년을 맞은 시점에서 박계전이 가지는 희망이기도 하다. 박계전은 원래 불세출의 창단 단원이 아니었고, 초기 단원들이 재구성되는 과정에서 선배인 김용하 대표의 제안으로 불세출에 정식으로 합류하게 되었다. 합류 이후 구성원 각각의 개성과 태도 등에서 끊임없는 영감과 자극을 받아 오면서 자신의 음악을 발전시켰고, 지난 독주회를 거치면서 자신만의 개성을 드러낼 전환점을 맞이하고 있다. 박계전의 음색이 가미된 불세출의 음악을 오는 10주년 기념 음반을 통해 기대해 볼 수도 있겠다.

박계전의 연주의 강점은 '쉼'에서와 같이 섬세하고 매끄러운 '비단피리'이기도 하지만, 불세출 특유의 '힘'에 있다고 할 수 있다. 에너지 넘치는 현악기와 타악기의 파도 속에서 조금도 밀리지 않고 버티어 내면서 자신의 소리로 대응해 가는 그의 뚝심은 모진 풍랑을

이겨내는 방파제와 같은 든든함을 연상하게 한다. 피리와 태평소, 생황을 능숙하게 다루는 그의 연주력은 불세출 음악에 보다 다양하고 풍성한 음색을 더할 수 있게 해 주기도 한다.

비교적 안정적인 환경에 안착한 박계전은 최근 국악의 저변이 확대되고 전공 지망생이 늘어나는 것이 반갑기는 하지만, 한편으로 저 많은 사람들이 전공한 이후에 진출할 직장이 넉넉치 않은 것이 걱정이기도 하다. 몇 년 간 개인 교습한 학생을 명문대에 입학 시키기도 했지만, 졸업 이후의 진로가 순탄치 않은데 대해서는 '제자'에 대한 '스승'으로서의 마음이 개운치 않은 것이다. 당장 어떤 대안을 모색하기 보다는 현재 참여하고 있는 영역에서 최선을 다해 좋은 음악을 만들고 연주 하는 것이 국악 발전의 선순환이라고 여기면서, 일상의 활동에 집중하고 있는 박계전의 행보를 관심있게 지켜 보기로 하자.

대금처럼 반듯한 모범생 맏형

대금 | 김진욱

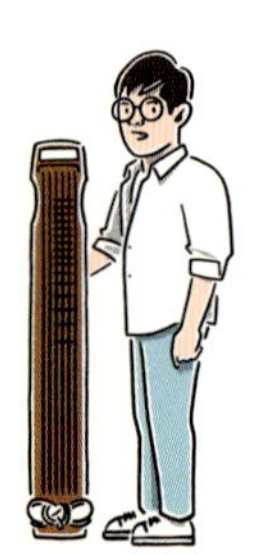

거문고 전우석

피리 박계전

대금 김진욱

해금 김용하

가야금 이준

장구 배정찬

기타 최덕렬

아쟁 박제헌

김진욱은 반듯한 사람이다.

기름한 얼굴이나 늘씬한 체격이 주는 긴 이미지와 함께 말투와 몸가짐에서도 반듯함이 묻어난다. 그의 대금에서 뽑아내는 청아한 음악과 딱 맞는 느낌을 주는 단아한 남자다. 독실한 기독교 신자로서 신앙생활과 일상생활, 자신의 예술적 성장에 있어서 적절한 균형을 맞추어 내는 모범적인 30대 가장의 모습을 그에게서 발견할 수 있다.

여덟 명으로 이루어진 불세출은 같은 듯 다르고, 다른 듯 같은 면이 여러 겹 겹쳐 있는, 재미있는 조합이다. 대부분이 악기 독주를 전공한데 반해 작곡과 연희를 전공한 두 사람이 있다든지, 모두 예술계 고등학교 출신인데 반해 두세 명이 인문계 고등학교 출신이라든지, 모두 85년생인데 한 명은 한 살 어리고, 또 다른 한 명은 한 살 더 많다든지 하는 식이다. 김진욱은 비록 한 살 차이 밖에 안되지만 단원 가운데 연장자로서 후배들

과 함께 불세출을 이끌어 가는 중요한 하나의 축으로서의 역할을 다하고 있는 든든한 맏형이기도 하다.

김진욱은 경기민요를 하신 모친의 영향을 받아 어린 나이에 국악에 입문했다. 지금은 대금 전공이지만, 경기민요를 배우기도 했다. 기악을 전공한 다른 단원들과는 달리 일반 중학교와 일반 고등학교를 다녔는데, 폭넓은 교우관계를 고려한 모친의 배려에 따른 것이었다. 대금 전공으로 한국예술종합학교에 입학하고 나서는 일반고등학교 출신으로서 새로운 환경에 적응해야 하는 이중의 어려움을 겪기도 했으나, 특유의 노력과 선배의 도움으로 극복해서 어엿한 대금주자로 성장했다. 제27회 국립국악원 주최 온나라 국악경연대회 대통령상을 수상해서 예술 특기생으로 군복무를 대체했으며, 국립국악원에서 인턴 생활을 한 후 현재는 성남 시립국악단의 상임 단원으로 재직하면서 불세출 활동을 병행

하고 있다.

　　김진욱은 낯을 조금 가리는 편이기는 하지만, 사람들과 어울리기를 좋아하고 상대방을 편안하게 배려할 줄 아는 관계지향적인 사람이다. 국악을 전공하지 않는 사람들과도 어울리기를 즐기며, 중·고교 시절 친구들이 자신을 통해서 국악 및 국악에 종사하는 사람들에 대한 인식을 바꾸어 나가고 있는데 만족하는 편이다. 강한 개성과 에너지를 지닌 후배들과 함께 활동하면서 단원 한 사람 한 사람의 개성과 능력을 세심하게 관찰하고 포용하면서 각각의 개성이 불세출의 정체성으로 수렴하는 과정을 기다리고 지켜봐 온, 부드럽고 차분한 카리스마의 선배이기도 하다.

　　불세출의 대부분 단원들과 마찬가지로, 김진욱에 있어서 국악은 어릴 때부터 뗄레야 뗄 수 없이 친숙하게 함께해 온 습관과 같다. 타고난 재능과 집중력에 주변의 칭찬이나 강력한 경쟁 상대 등을 의식하면서 열심히 연습하고 공부하는 과정에서 익숙해져 버린 상태가 김진욱과 대금의 관계이다. 김진욱에 있어서 대금이 새로운 도전의 영역이자 성취의 대상으로 다가 온 것은 비교적 최근의 일이다. 일반 기업에 신입 사원으로 입사해서 정신없이 뛰어 다니다가, 자신의 업무에 대해 어느 정도의 일가견을 이룬 말년 대리 정도의 느낌일 것이다.

　　불세출 10주년을 맞은 지금 그는 그동안 구상해 왔던 일들을 하나씩 이루어 나가려는 포부를 펼치려 하고 있다. 김진욱의 개성이 조금 더 드러난 곡들을 불세출의 레퍼토리에 더해 볼 만한 분위기도 조성 되었고, 평소에 관심 가지던 시각의 음악적 표현, 현대 음악과의 공동작업도 시도해 보려고 한다. 어린 시절부터 꿈꾸어 왔던 동화작가로서의 준비도 곧 시작해야 한다.

　　반듯하고 모범적인 태도로 느린 듯, 숨은 듯 조용하고 신중한 행보를 해왔던 김진욱은 장차 자식이 자신의 뒤를 잇는 국악인이 되기를 바란다고 한다. 자신이 겪었던 어려움을 이겨낼 수 있도록 조언해 주고, 마음껏 성장하는 모습을 보고 싶은 것은 젊은 아빠들이 가지는 소박한 소망일 것이다. 불세출 10주년을 맞이하는 팀의 맏형으로서, 이 정도면 자식에게 자신의 길을 따르게 할 만큼은 성취했다고 자부하는 젊은 아빠의 떳떳함이 무척 소중하다.

사공 많은 배의 든든한 키잡이

해금 | 김용하

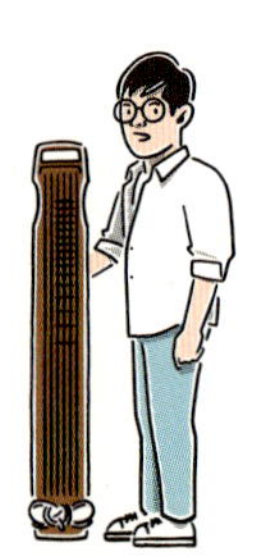

거문고 전우석

피리 박계전

대금 김진욱

해금 김용하

가야금 이준

장구 배정찬

기타 최덕렬

아쟁 박제헌

2016년 11월 10일 평화운동가 서승 선생 저작 「동아시아의 우호가지」 출판기념회에서 불세출 축하연주가 있었다. 출강, 그그다, 아침이슬 세 곡이 연주되었는데 출강과 아침이슬은 이미 소개가 많이 된 곡이었고 그그다만이 불세출의 개성을 잘 드러내는 창작국악이었다. 생소한 창작국악곡에 대한 반응은 그리 높을 것이라 기대를 하지 않았는데, 예상과는 달리 청중들의 반응은 「그그다」에 가장 뜨거웠고, 출판기념회의 주인공인 서승 선생은 기립박수와 함께 "들어 본 중 최고의 해금 연주였다"라는 격찬을 아끼지 않았다.

1992년 출옥한 이후 중국, 대만, 오키나와, 남한 등 동북아 각지의 뜨거운 현장에서 유수한 문화예술인들과 함께 투쟁해 왔던 원로 활동가에게 강한 인상을 남긴 불세출의 해금 연주자. 그가 김용하다. 김용하는 수원에서 태어나 성장했고, 사물놀이를 통해 국악에 입문했다. 경기도 교육청에서 육성하는 사물놀이 특기반에서 현재 불세출 동료인 배정찬을 만나 같은 사물놀이 패 안에서 함께 활동한 것을 시작으로 20년 가까운 우정을 이어가고 있다. 일반 중학교를 거쳐 타악기 전공으로 국립국악고등학교에 진학했다. 해금을 처음 접한 것은 중학교 3학년 때, 타악기 전공을 염두에 두면서 음악을 폭넓게 알기 위해 다른 악기도 익혀보자는 마음으로 시작하게 되었는데, 고교 시절 한국예술종합학교 예비학교를 다니게 되면서 해금에 심취하게 되고 급기야는 전

공을 바꾸는데 이르게 된 것이다. 해금을 시작한 것이 동년배에 비해 늦다고 여긴 그는 엄청나게 연습에 집중하게 되는데, 주변에서 해금 말고 다른 세상도 있다는 걸 가끔 돌아보라는 충고를 들을 정도였다고 한다.

동년배 국악인 가운데 결코 빠지지 않는 실력을 갖추었고, 그러한 실력을 쌓기 위해 피나는 노력을 하는 과정을 가졌지만, 김용하는 참다운 음악은 기교보다는 '사람됨'에 있다는 선생님들의 가르침을 늘 되새기려 노력한다. 독주 연주자로서 해금을 타던 시절에는 스스로의 실력을 다그치기 위해 조급함을 가진 적도 있었지만, 협연으로 활동하면서 남들과 실력을 비교하는 것 보다는 좋은 음악으로 사람들에게 공감을 이끌어 내는 데 더욱 관심을 가지게 되었다고 한다.

'연습벌레'로서 빡빡하던 학교 생활에 새로운 리듬을 부여하고 음악적으로 한 단계 발전할 수 있었던 계기는 은사를 따라 1년 간 일본에서 체류하면서 얻어

졌다. 학부 3학년 때인 2006년, 평소 존경해 왔던 김영재 선생이 안식년을 맞아 대만, 중국, 일본을 둘러 볼 계획을 세우게 되자, 무작정 스승을 좇아 길을 나선 것. 애초에 일본에서 스승이 연주하는 모습을 보고 싶다는 생각으로 나선 길이었는데, 뜻하지 않게 스승의 활동을 돕기도 하고, 음악적인 가르침을 받기도 하는 내용들로 채워지게 되었다. 이러한 경험들을 통해 스승의 음악적, 인간적 가치관을 배우고 느끼면서 그 모든 것들이 음악에 포함되어 있다는 것을 자연스럽게 알게 되었다. 스승과 외국에서 보낸 1년의 경험은 오늘날 김용하의 음악적 성장에 큰 역할을 하게 되는 소중한 기억으로 남아 있다.

현재 김용하는 불세출의 대표로서 연주활동 이외의 다양한 역할을 하고 있다. 스스로 카리스마 있는 리더십을 발휘하지 못하고 있다고 머리를 긁적이고 있지만, 의욕과 창의력이 넘치는 여덟 명 단원들의 에너지를 한 방향으로 이끌고 나가기 보다는 서로 경청하고 끝없이 토론하면서 공통의 지향점을 찾아 나가도록 돕는 것이 현재로서는 적절한 리더십으로 보인다. 이러한 수평적이고 부드러운 카리스마의 조력자로서의 대표 역할은 자칫 '산으로 가기 쉬운 사공 많은 배'가 순항할 수 있도록 해 주는 키잡이 노릇을 연상시키는데, 10년 간 이어온 그의 노하우는 당분간 계속 활용되어야 할 듯 하다.

해금 독주자로서의 영역에 국한되지 않고, 국악에 관련된 여러 분야에 폭넓은 관심을 가지고 있다는 것이 김용하의 독특한 개성이기도 하다. 불세출 후원회 결성의 계기가 되었던 2016년 5월 함양 일두 고택 연주회는 국악기의 소리에 가장 어울리는 연주환경을 찾는 김용하의 모색과정에서 '한옥'이라는 접점을 실험해 보는 과정이었다고 할 수 있다. 지금까지 두 번 진행된 일두 고택 대청 마루 연주는 우리 음악에 가장 맞는 음향 환경을 찾는 작업으로 지속될 예정이다. 국악기를 좀 더 좋은 환경에서 연주 할 수 있는 장소와 기회를 만들어 보려는 것이 현재 그의 주된 관심사라고 할 수 있다.

동기생들과 함께 시작한 국악 앙상블 활동이 10년 차를 맞이하는 이 시점에서, 불세출 대표 김용하의 머리 속은 다가올 10년에 대한 기대와 궁리로 복잡하기만 하다. 그의 다음 행보를 관심과 애정으로 지켜볼 일이다.

ⓒ 나승열

Musician to the core

가야금 | 이준

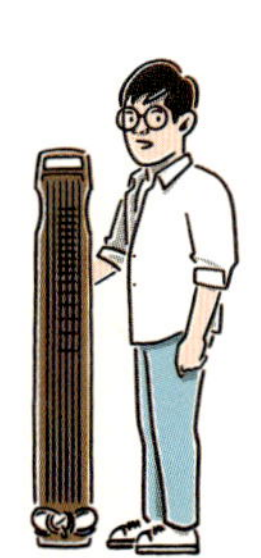

거문고 전우석

피리 박계전

대금 김진욱

해금 김용하

가야금 이준

장구 배정찬

기타 최덕렬

아쟁 박제헌

"당신의 신발을 보여주시면, 당신이 누구인지 말씀 드릴 수 있습니다." 라고 이야기할 수 있는 제화공의 이야기는 어떤 직업에서 일정한 경지에 이르면, 세상이 돌아가는 이치나 사람에 대한 이해도 그 직업의 경지에 준할 수준으로 성장한다는 뜻과 함께, 세상이나 사람을 바라보는 틀 역시 직업적인 영향 아래 놓이게 된다는 비유로 널리 쓰이곤 한다.

이런 제화공의 경우와 비슷한 맥락에서 불세출의 가야금 주자인 이준은 음악 혹은 가야금을 통해서 세상을 읽는 독특한 사람이다.

책을 읽거나, 그림을 감상하거나, 영화를 보거나 심지어 온라인 게임을 즐길 때에도, 음악이라면 이 상황은 어떤 느낌일 것인지, 텍스트나 그림을 통해서 표현되는 내용을 음악으로 떠올리곤 하는 그에게는 삶이 곧 음악이고, 음악이 곧 삶이라고 하니, 그는 그야말로 '뼛속까지 음악인'인 셈이다. 이준은 초등학교 4학년 때 사물놀이 방과 후 교실을 통해 국악에 입문했다. 국악을 하기 전 피아노 학원을 운영하시던 모친에 이끌려 피아노를 배운 적도 있지만, 오래 배우지 못하고 국악에 이끌렸다고 한다. 가장 경쟁이 치열한 가야금 전공으로 국악중학교, 국악고등학교를 거쳐 한국예술종합학교에 입학한 만큼의 출중한 연주실력과 감각을 소유하고 있으며, 항상 '좋은 음악'을 추구하는 태도를 유지하려고 노력하고 있다. 군복무는 군악대 국악 취주악단에서 근무하면서, 군생활마저도 "체질에 맞았다"라고 토로할 만큼, 그의 삶에서 음악은 공기와도 같이 익숙하고 자연스럽기만 하다.

자신만의 독특한 음악세계를 구축하기 위해서 부단하게 노력해야 한다고 생각하는 이준은 현재 불세출 이외에도 세움, 나무, 춘호가랑 등의 팀에 속해서 활동하고 있다. 팀 작업과 개인의 관계에 있어서 이준은 구성원 각각이 개인적으로 기량을 발전시키는 것이 우선이라는 입장이며, 일정 수준에 오른 개인들이 모여서 팀을 이루어 내는 것이 바람직하다고 생각한다. 그런 의미에서 현재 각기 성격이 다른 5개의 팀에서 활동하는 것이 다소 벅차게 여겨질 수도 있지만 자신의 음악세계를 보다 풍부하고 폭넓게 하는 데 필수적인 과정이라 여기며 당분간 힘든 스케줄을 유지할 각오를 하고 있다.

불세출 특유의 전통적인 음악에 충실하려고 노력하지만, 전자음악과 전통음악과의 만남에도 많은 관심과 의욕을 보이고 있다. 불세출의 작품 가운데 '우연의 음악'과 같은 새로운 시도를 선호하고, 가야금을 위한 자작곡 테이크 시리즈 4곡을 불세출의 레퍼토리에 올려 놓고 있다. 테이크 시리즈는 가야금을 중심으로 기타, 거문고, 장구, 생황 등의 악기들과 2중주 혹은 3중주로 구성한 곡들인데, 즉흥곡을 채보하거나, 성금연 가야금 산조를 모티브로 편곡하여 좋은 반응을 얻고 있다.

상당한 수준의 테크니션임에도 불구하고 좋은 음악은 기교나 과시보다는 '좋은 소리'를 통해서 이루어질 수 있다고 생각하고, 좋은 소리는 바른 사람됨이 있어야 낼 수 있다고 믿는 것은 대부분의 불세출 단원들과 공유하고 있는 공통분모인데, 특히 이준은 사람됨에 더 많은 관심을 가지는 편이다. 3, 4년 전부터 '성금연 가락보존회' 회원으로서 가야금 산조 부문 전라북도 무형문화재인 지성자 선생으로부터 사사받아 왔는데, 선생님의 예술적 깊이만큼이나 꼿꼿하고 반듯한 인격을 본받고자 한다. 성금연 가야금의 계보를 잇는다는 자부심을 가지고 있으나, 어떤 계보를 잇는다는 범주로 스

스로를 가두는 것을 경계하라는 스승의 가르침을 되새기면서 늘 새롭고 한층 발전된 모습을 보이기 위해 정진하려는 것이 음악을 대하는 이준의 태도이다.

음악이라는 '액자'를 통해서 세상을 그려내려는 성향이다 보니, 다른 것은 몰라도 음악을 주제로 한 논쟁에 대해서는 별로 양보하고 싶은 생각이 없을 만큼 뚜렷한 주장을 내세우는 편이며, 자신만의 독특한 음악세계를 구축하려는 노력은 스스로를 외골수로 보이게 하는 경우도 종종 있다. 다른 주제로 편안한 이야기를 하는 것보다는, 치열한 논쟁을 하더라도 음악을 주제로 이야기하는 것을 훨씬 선호하고, 그런 시간을 통해 상대방을 이해하고 공감대를 형성하기 위해 많은 노력을 기울인다.

자신만의 독특한 음악 세계 구축을 통해 불세출 음악에 역동성과 긴장감을 부여하고 있는 이준의 예리하고도 경쾌한 행보가 창단 10주년을 맞이하는 불세출의 앞날을 이끄는 기폭제가 될 것을 기대한다.

가슴에 폭탄을 안고 사는 열혈남아

장구, 소리 ｜ **배정찬**

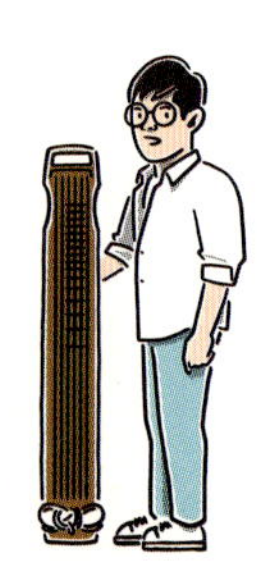

거문고 전우석

피리 박계전

대금 김진욱

해금 김용하

가야금 이준

장구 배정찬

기타 최덕렬

아쟁 박제헌

불세출은 구성원 사이의 동질성이 자칫 몰개성으로 오해될 만큼 강한 팀이다. 이러한 동질감 사이에서 눈에 띄는 개성을 드러내는 존재가 있다면, 기타와 작곡을 담당하는 최덕렬과 소리와 장구의 배정찬이라고 할 수 있다. 대부분의 단원들이 음악과 출신인데 반해 배정찬은 연희과 풍물 전공자 출신이고, 불세출에 정식으로 합류한 시기도 비교적 늦은 2011년이었다. 차분하고 장중한 불세출의 레퍼토리에 활기와 다양성을 더해서 완결을 이루어 내는 화룡점정과 같은 존재가 배정찬이다.

배정찬은 초등학교 시절 방과 후 교실에서 사물놀이를 접하면서 국악을 시작했다. 평소 국악에 관심있던 담임선생님의 지도로 입문했고, 경기도 교육청이 지원하는 초등학생 사물놀이팀에서 꽹과리를 맡을 만큼 실력을 인정 받았다. 여느 불세출 단원들과는 달리 일반 중학교, 고등학교를 거쳐 한국예술종합학교 연희과에 입학했다. 고등학교 시절에는 록밴드를 결성해서 보컬을 담당하기도 했다. 불세출 김용하 대표와는 초등학교 시절 교육청 사물놀이팀을 같이 하면서 인연을 맺었는데, 당시 두 사람 모두 장구를 주특기로 하고 있었다고 한다.

대학에 입학하기 전에는 사물놀이 장구 주자로서 독보적인 실력임을 자부했는데, 입학 이후 다양한 연희 분야에서 장구가 폭 넓게 쓰이는 것을 알게 되었고, 교육과정 및 선배, 동료들과의 교류 및 연습을 통해서 자신의 역량을 발전시킬 수 있었다. 입학 당시 4학년이었던 다재다능하면서 성실하기까지 했던 황민왕 선배를 특히 많이 따랐다.

어린시절부터 가슴에 불덩어리와 같은 감정을 담고 있었다고 하며, 장구 정도로는 그 에너지를 모두 분출하기 어려울 것이라고 해서 '가슴에 폭탄을 안고 산다'는 이야기를 듣곤 했다. 대학 시절에는 넘치는 에너지를 감당하지 못해서 폭음과 기행을 벌이기도 했는데, 이제는 나름대로 스스로를 다스리는 방법을 터득했고, 사람들의 교류와 소통 및 활발한 연주 활동 등을 통해 긍정적인 활력으로 승화시키고 있는 모습을 보여 주고 있다.

'연희' 전공 출신인 배정찬은 불세출 작업에 있어서 새로운 시야와 발상을 제안하는 역할을 하곤 한다. 불세출의 대표곡이라 할 수 있는 '지옥가'가 배정찬의 제안으로 만들어진 대표적인 레퍼토리이기도 하다. 지옥가는 동해안 별신굿에서 영감을 받아 불세출 특유의 공동창작 방식을 통해 완성된 곡인데, 기악곡이 주류인 불세출의 레퍼토리 중에서 '소리'가 더해진 많지 않은 경우이다. 불세출 고유의 음악 자체에 편중되어 있는 관심을 관객과의 호흡과 소통으로 확장시켜야 한다는 제안도 자주 하는 입장이다. 개인 독주를 음악 활동의 바탕으로 하는 다른 단원들과는 달리 처음부터 패를 지어 연주를 해야 하는 '연희' 출신인 배정찬은 개별 연주자들의 개성을 드러내기 보다는 팀 전체를 중심으로 하는 발상에 익숙한 편이고, 이러한 배경은 불세출 내에 활발한 논의를 불러 일으키는 계기가 되기도 한다.

초등학교 시설 사물놀이로부터 시작한 장구는 스스로 '당대 최고'라는 자부심을 가지고 있어서, 장구에 관한 경쟁상대는 '어제의 나'라고 표현할 정도이다. 적어도 어떤 연희패에 속할 때, 그 패에서는 가장 잘하는 장구주자 자리는 놓쳐본 적이 없는 것으로 볼 때 확실히 자타가 공인하는 실력자임은 분명하다. 연희 무대에서 활동하면서 장구 이외에, 소리, 연기 등 다양한 공연 활동을 소화해 내는 다재다능한 불세출 유일의 '연예인'이기도 하다.

배정찬은 현재 불세출 이외에도 연희집단 The광대, 인형음악극집단 음마갱깽에서 활동하고 있으며, 후원회 '불나비' 회원들을 중심으로 한 장구 동호회 '장구벌레'를 지도하는 등 활발하고 바쁜 생활을 하며 지내는 중이다. 안정된 직장 생활이라기 보다는 프리랜서에 가깝지만, 그간의 경력과 실적으로 제법 '몸값'을 올려둔 터라 혼자 생활하며, 미래를 설계하기에는 부족함이 없는 편이다. 가끔 틈이 나면 전국의 다양한 연희 현장을 찾아 구경을 하기도 하고, 좀 더 많은 시간을 내어 배우기를 즐기고 있다. 요컨대 여가 생활은 학습과 연습으로 채우고 있는 셈.

오랜 자취 생활을 하고 있어서, 웬만한 음식은 손님 대접할 만큼의 솜씨로 척척 만들어 내며 운동과 건강 식품 등으로 건강관리도 철저하게 하는 편이다. 작업이 끝난 이후 사람들과 어울리며 술잔을 기울이는 것을 인생의 큰 낙으로 여기는데, 사람들과 어울리는 만큼이나 술 자체를 즐기는 애주가 이기도 하다. 가장 선호하는 주종은 청주인데, 그 중에서도 '백화수복'을 가장 좋아한다. 술자리를 마치고 와서 집에 돌아 와서도, 항상 한 두 잔을 혼자 즐기는 버릇이 있다. 두주불사하는 주량이기는 하지만, 항상 술을 즐길 수 있는 몸상태를 유지하기 위한 관리 또한 철저하게 하고 있다.

함께 술잔을 기울이다 보면 어느새 새벽이 가까와 있을 만큼, 즐겁고 활기찬 매력이 가득한 그는 '가슴에 폭탄을 안고 사는 열혈남아'이다.

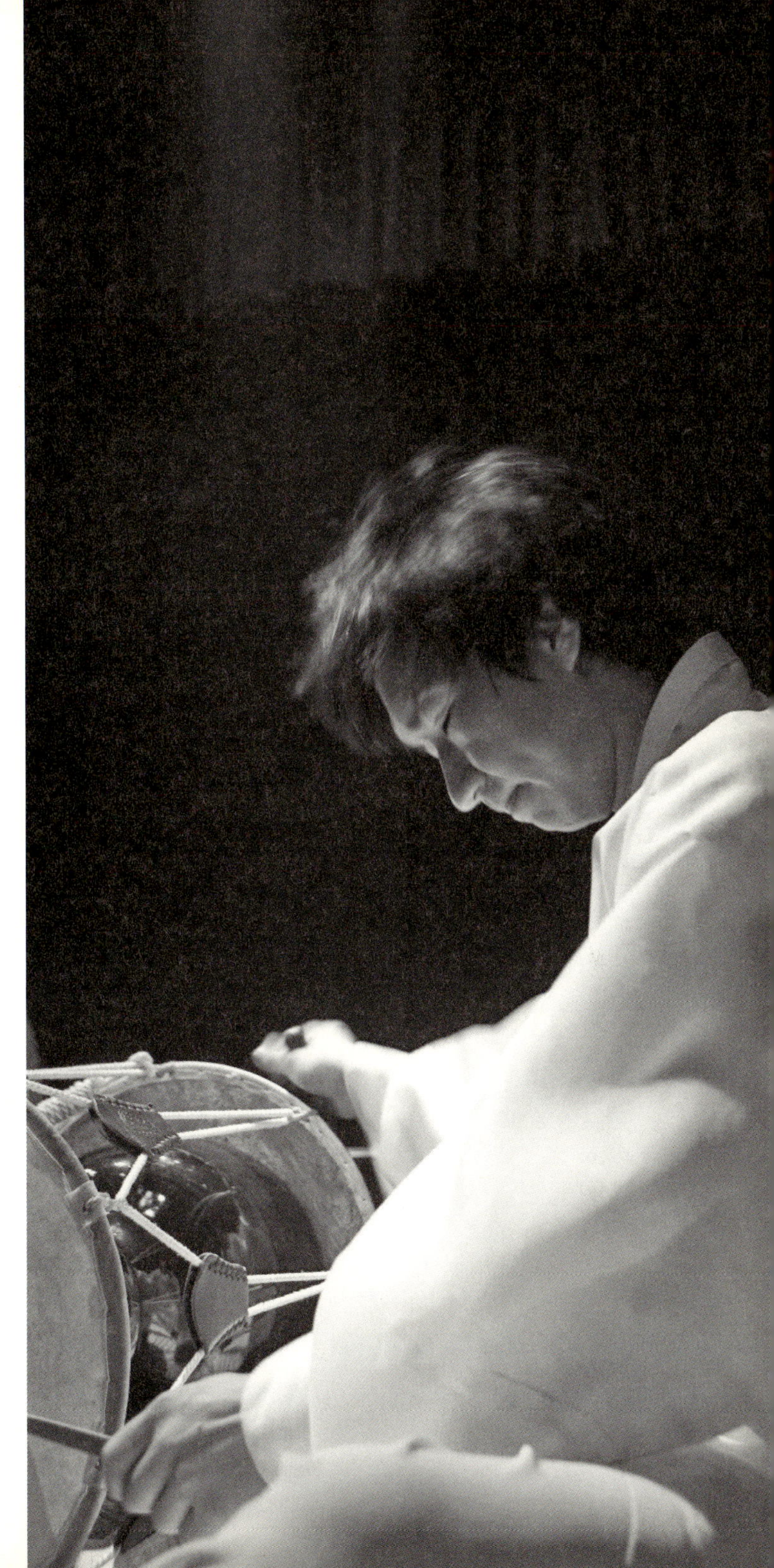

ⓒ 나승열

불세출의 외부 인터페이스

기타, 작곡 | **최덕렬**

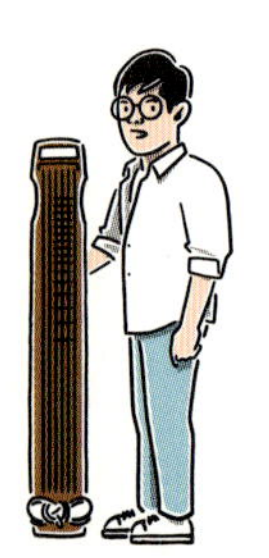

거문고 전우석

피리 박계전

대금 김진욱

해금 김용하

가야금 이준

장구 배정찬

기타 최덕렬

아쟁 박제헌

최덕렬은 연희 전공인 배정찬과 더불어 비교적 균일한 불세출 구성원에 다양성을 부여하는 존재이다.

국악 독주 악기 전공자들이 중심이 되어 있는 불세출에서 음악이론과 작곡을 전공한 이력도 그렇고, 유일한 양악기 연주자라는 점에서, 그리고 불세출의 전속 작곡자라는 점에서 그의 존재감은 특이함으로 표현될 수 있다.

최덕렬은 방송국에서 음악프로그램을 담당하는 PD이신 부친과 불문학을 전공한 모친의 슬하에서 성장했다. 집에서 늘 당대의 베스트셀러 책들을 접할 수 있었고, 부친은 항상 클래식 음악이나 팝 음악을 틀어 놓곤 해서, 자유롭고 개방적인 분위기에서 자연스럽게 음악에 친숙해졌을 만큼 문화적 감수성을 키워 나갈 수 있는 좋은 환경이었다고 할 만 하다. 어릴 때에는 좋아하는 책은 서른 번 정도 반복해서 읽고 빠져들곤 하는 '책벌

레'이기도 했는데, 좀 더 나이가 들면서 다양한 소일 거리를 찾으면서 자연스럽게(?) 책과는 멀어졌다. 파트릭 쥐스킨트의 『향수』나 아베 코보의 『모래의 여자』와 같은 개성 강한 소설들을 중학교 시절 읽었는데, 지금까지도 시간이 나면 반복해서 읽으면서 새로운 느낌과 감상을 즐긴다고 한다.

일반중학교를 졸업하고 홍성에 있는 풀무고등학교라는 농업고등기술학교이자 대안학교에 진학했다. 한 학년에 서른 명 밖에 안되는 소규모 학교에서 3년간 실제로 농사일을 하면서, 많은 고생을 하기도 했지만 평생을 함께 할 좋은 친구들을 얻었다. 국악에 관련된 전공을 하게 된 계기 역시 고등학교 시절 동아리 활동하는 친구들의 사물놀이 연주를 들으면서 얻어졌다고 할 수 있다. 한국예술종합학교에는 예술이론 전공으로 입학했지만, 적성에 맞지 않는 것으로 판단하고 작

곡 전공으로 재입학해서 동갑내기들인 불세출 단원들에 비해 두 학번 늦게 학교를 다니게 되었다. 불세출에 합류한 것은 풍류도시를 작곡하면서부터이다.

국악에 한정하기 보다는 다양한 음악을 접하고, 영감을 얻으려고 노력하는 편이다. 대중적인 팝음악이나 재즈 등을 넘어서서 클래식음악이나 월드 뮤직에 해당하는 음악들도 다양하게 듣고, 작곡 작업에 활용하려고 노력하는 편이다. 최근에는 코르시카의 토속음악인 '아필레타'나 아프리카의 토속 합창 음악 등을 들으면서 강한 인상을 받았다고 한다. 성장기에는 90년내 유행한 락음악에 심취했는데, 이런 최덕렬에게 '진정한 락을 알려 주겠다'고 부친이 소개해 준 70년대 락음악도 함께 들으며 부자간의 대중음악 논쟁을 벌이기도 했다. 불세출 특유의 개성을 드러내는 곡을 대표작으로 쓰는 전속 작곡가이기는 하지만, 의뢰자들의 다양한 요청에 부합하는 곡들을 작곡해 주는 맞춤 작곡가로서의

명성도 차츰 쌓여 가고 있어서, 최근에는 불세출 곡 보다는 외부에서 의뢰한 곡 작업을 더 많이 소화해야 하는 유명 작곡가로서 즐거운 비명(?)을 지르고 있기도 하다.

독주 연주로서 자신을 표현해야 하는 성장배경을 가진, 개성 강한 불세출 단원들 사이에서, 텍스트에 의한 소통에 조금은 더 익숙한 존재로서 중재자, 혹은 번역자의 역할을 담당하고 있기도 하다. 단원들 사이의 원만한 의사소통을 관리하고 중재하는 역할 이외에 그의 존재감은 불세출과 다양한 음악세계를 연결해 주는 '외부 인터페이스' 기능에서 더욱 빛난다. 평소 꾸준하게 다양한 음악을 접하고, 영감을 얻은 내용들을 정리해서, 국악 중심의 불세출 단원들에게 다양한 시야를 제공해주고 자극하는 그의 역할은 불세출 활동에 활력을 더해주며, 그 음악에 풍부함과 다양성을 더해 주곤 한다.

아직까지 미혼이고 프리랜서, 즉 비정규직으로 활

동하고 있기에 주어진 시간 전체를 '작업' 및 작업을 위한 보조 활동에 할애하려고 하는 그는 변변한 취미조차 즐기지 않는다. 어릴 때부터 하던 게임기로 유행하는 게임을 잠깐 해 본다거나, 눈에 띄는 만화책을 전집째로 빌려다가 정주행하는 정도가 소일 거리이고, 불세출 동료들과 어울려 즐기는 '술집탐방'도 한창 때에 비해 많이 줄어들어 서운해하고 있기도 하다. 자취 시절부터 집에다 맥주를 사다 놓고 마시곤 했는데, 학생시절 1.5L 페트병 맥주를 마시던 것이 사회 진출한 이후에 편의점 수입맥주로 바뀌었다. 좋아하는 맥주는 파울라너, 스텔라 아르투아, 칼스버그.

연주 및 작곡 경력이 쌓이면서, 해 놓은 작업들을 스스로 설명하고, 해석해 보고 싶은 욕망이 생기고 있다고 한다. 그래서 예전에는 무시했던 예술이론이나 미학과 같은 분야의 책들을 읽어야겠다는 필요성을 느끼고 있다. 향후 평론을 써 보고 싶은 생각이 있기는 한데, 현업 작곡자나 연주자로 활동하면서 평론을 쓰는 부담스럽다는 생각을 하고 있다.

불세출 단원답게 선량한 표정을 가진 최덕렬은 불세출과 외부세계를 이어주는 안테나와 같은 존재이다. 멀쑥한 그의 기럭지는 더욱 안테나와 같은 느낌을 준다.

매사에 감사하는 성실한 낙관주의자

아쟁 | **박제헌**

거문고 전우석

피리 박계전

대금 김진욱

해금 김용하

가야금 이준

장구 배정찬

기타 최덕렬

아쟁 박제헌

서울시 동대문구 답십리에서 태어난 박제헌은 불세출의 아쟁 연주자이다.

까무잡잡하고 소탈한 인상의, 까끌하고 박력있는 마찰음을 내지르는 아쟁과 천상 닮아 있는 그는 현재 성남 시립국악단원으로 활동하고 있다.

대부분의 불세출 단원들과는 달리 박제헌은 국악중학교, 국악고등학교를 거치지 않고 일반 중학교와 국악전통예술고등학교를 통해 한국예술종합학교에 진학했다. 전공악기인 아쟁은 중학교 3학년때 고등학교 입시를 앞두고 비교적 늦게 시작한 경우인데, 특유의 성실성과 집중력으로 무난히 합격할 수 있었다.

답십리에서 국악기 악기상을 운영하신 아버지 슬하에서 어린 시절을 보냈던 그는 손을 써서 하는 모든 일에는 소질이 있었다고 한다. 초등학교 시절 학교에서 체험삼아 가르치는 리코더를 불어도 곧잘 불었고, 방학 동안 공작 숙제를 해 가면 모범케이스로 다른 반에까지 소개가 되곤 했고, 심지어 응급의료 처치 붕대 감기를 해도 반듯하고 단단하게 잘 감아 놓아야 직성이 풀렸다고 한다. 그러한 그를 지켜 보던 부친이 아쟁을 배워 국악을 전공하는 진로를 권했고, 1년 간 지도를 받아 국악전통예술고등학교에 입학할 수 있었다. 예술고등학교에 진학하기는 했지만, 또래 친구들에 비해서 기본기가 모자라다는 판단을 한 박제헌은 '연습벌레'가 되어 기본기를 쌓는데 고교시절을 보냈다. 3년 간의 고교 생

활을 위해, 집도 답십리에서 방배동으로 이사했다. 다른 친구들이 등교하기 전에 연습시간을 확보하기 위해 새벽 5시에 학교에 갔고, 수업 중간 중간에 있는 쉬는 시간에도 친구들이 시끄럽다고 해도 아랑곳 하지 않고 연습에만 매달렸다. 그렇게 1년을 열심히 하고 나자, 각종 대회에 참가해서 같은 또래의 연주자들과 기량을 겨루면서 두각을 나타낼 수준으로 발전했고, 한국예술종합학교에 무난히 진학한다. 국악계의 엘리트 코스를 밟아 오지는 않았지만, 치열한 노력과 타고난 재능 그리고 아주 약간의 행운에 힘입어서 뒤늦은 출발을 벌충하고 무사히 명문 대학에 안착한 셈.

대학에 입학하고 나서는 새로운 어려움을 겪게 되

었는데, 비교적 자유분방하게 생활할 수 있었고, 독주 실기에만 집중하면 무난했던 고등학교 시절에 비해, 한국예술종합학교는 엄격한 분위기가 있었고, 아쟁 연주 말고도 이론적으로나, 음악적으로 새롭게 공부할 것이 너무 많았던 것. 과학고 출신들이 득실득실한 명문 공대에 소위 선행학습이라는 것을 제대로 하지 않고 수능 점수만으로 입학한 일반고 출신 대학 초년생이 겪을 법한 고충을 겪게 된 것이다. 이러한 환경의 변화에 적응하는 과정에서 1년 간 많은 고생을 했는데, 특유의 성실함과 끈기로 '연습벌레' 생활을 재개 했고, 현재 불세출을 함께하고 있는 동료들과 교류하면서 부족한 점을 메꾸어 나가는데 성공하게 된다. 대학교 3학년 오늘의 불세출을 있게 했던, '불세출' 공연에 참가해서, 음악적으로 급성장하는 발판을 마련했고, 그러한 기세를 몰아 전주대사습대회 장원을 수상하게 되어, 아쟁연주자로서는 드물게 예술공익요원으로 군복무를 하게 되는 특

전까지 획득하게 된다.

2008년 학교를 졸업하고, 4주 간의 기초군사 훈련을 마친 후 연주자로서 활동을 모색하던 중 현재의 직장인 성남시립국악단에 지원했고, 무난히 합격하게 된다. 연 4회 연주에 참가하면 충족되는 예술공익요원 복무조건에도 맞고, 정규직으로서 안정된 생활을 할 수 있는 환경을 상당히 빠른 시기에 확보하게 된 것. 2017년 현재 9년차 직장인이 되는 그는 기초지방자치단체 산하 문화기관의 직원으로서 지방문화 창달과 지역주민 문화생활 향상에 기여하는 업무를 수행하고 있으며, 10년째 이어오고 있는 불세출 활동을 통해 자신의 음악적 성장을 위한 치열한 노력을 지속하고 있다.

직장에서 만난 배우자와 2014년 결혼하여 올해 세 살이 된 아들과 함께 노는 것이 가장 행복한 시간이라고 하는 박제헌은 국악이 많은 사람들에게 사랑받고, 널리 향유되기를 바라는 편이다. 지금은 재개발되어 옛 모습을 잃어 버린 답십리 산동네 어귀 평상에서 철공소 사장님, 세탁소 주인아저씨 등과 어울려 한담을 즐기곤 하던 부친의 모습에 더해지면 딱 어울릴 만한 음악이 라디오에서 흘러나오는 트로트 가락이 아니라, 소박하게 뚱딱거리는 장구이거나, 아쟁 소리이기를 바라는 것이다. 국악이 대중들과 멀어져서 진열창 안에서 소수의 고급 문화 향유층에게만 전유되는 것이 아니라, 지역축제나 동네 노인정에서 어르신들이 들으시고 신명

을 낼 만한 편안하고 친근한 음악이 되는 것이 바람직
하다고 여기며, 소속기관에서 지역주민을 대상으로 하
는 연주회에서 익숙한 대중가요 등을 국악으로 편곡해
서 연주하는 것도 나름대로 좋다는 유연한 입장을 가지
고 있다. 국악의 저변 확대를 위해서는 일반 대중들이
쉽게 접할 수 있는 기회를 많이 확보하고, 대중들이 익
숙하게 즐길 수 있도록 다양한 형태와 방법으로 확장하
는 것이 필요하다는 것이다.

　　국악 대중화의 방향과는 별도로 국악 자체의 내재
적인 발전을 위한 노력은 불세출 활동을 통해 주력하는
편이다. 일곱 명의 동료들과 정기적으로 만나 공동작업
으로 곡을 만들고, 함께 연습하고, 연주하는 가운데 전
통음악으로서의 국악이 발전해 나갈 방향을 모색하는
작업은 박제헌이 앞으로 평생을 두고 천착하려고 하는
일이다. 타고난 연습벌레답게 불세출 단원 중에서 공동
연습 시간을 늘려야 한다고 주장하곤 하는 그는 동료들
이 각각 개인 스케줄이 많아져서 함께 하는 작업시간이
줄어드는 것이 안타까울 뿐이다. 불세출 활동과 더불어
아쟁의 연주 기법 발전이나 활용 영역 확장에도 많은
관심과 노력을 기울여서, 주로 남도지방 국악에서만 많
이 쓰이던 아쟁을 보다 폭넓게 활용하고 박제헌만의 독
자적인 연주 기법을 개발하기 위해 꾸준히 정진하고 있
기도 하다.

　　박제헌은 30대 초반에서 중반으로 넘어가는 세대

중에서는 안정적인 사회경제적 지위를 확보한 경우다.
예술이라는 특수한 분야에서도 한층 저변이 좁은 편인
국악 분야에서 준공무원의 신분으로 활동하고 있고, 이
를 바탕으로 개인의 여가 시간을 전문성 강화와 다양한
자기개발을 위해 사용할 수 있는 환경도 보장되어 있는
편. 그는 이러한 자신의 처지에 대해서, 부모님이 물려
주신 재능과 힘든 시기를 극복하게 해준 스스로의 성실

함 그리고 약간의 행운이 적절하게 결합하여 이루어진 결과라고 여기면서 감사해 한다.

그는 이웃들과 정겨운 교류가 있었던 어린 시절 답십리 산동네의 풍경을 올해 세 살이 되는 아들에게 꼭 보여주고 싶은데, 재개발로 동네가 사라져서 아쉽다고 하면서 아들과 함께 전국의 여러 곳을 여행해 보고 싶다는 소박한 희망을 이야기 하는 대한민국의 행복한 젊은 아빠이기도 하다.

ⓒ 나승열

鼓

채는 치지 말고 왼손바닥으로만 쳐라

搖

채로 변죽을 '더러러러' 하고 굴려라

그저 계속 나아가자

고뇌와 절망 속에서 내 삶에 가장 첫 번째는 언제나 음악이었음을 깨달았다. 그리고 그 음악 속에 항상 삶의 희망이 있었다는 것을 배울 수 있었다. 나 같은 예술일용직들은 당장 다음 달, 다음 해가 어찌 될지 장담할 수 없다. 그러니 지금 당장 잘 나간다고 거만할 것도 없고, 연주 한 번 없이 한가하다고 서글퍼할 노릇도 아니다. 현재에 대한 감사함과 음악에 대한 믿음으로 그저 계속하는 것이다.

이준

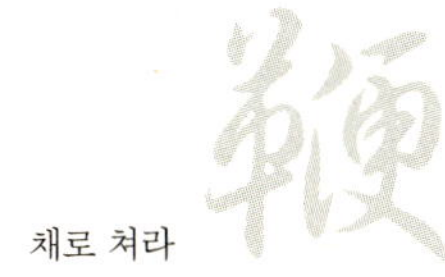

채로 쳐라

손바닥과 채로 양편을 동시에 쳐라

처음 시작할 때 박(拍)이란 악기를 한 번 쳐라

그저 후배들에게 한마디…

난 잘 못했고 지금도 잘 못하지만, 가장 중요한 것은 좋은 사람이 되자는 것이다. 좋은 인성을 갖고 다른 이와 잘 어울리는 행복한 예술을 하는 것, 그것은 우리 모두의 목표이지 않을까.

난 아무것도 아니다. 하지만, 남들은 더 아무것도 아니다 라고 여기면서 까불지 말고, 정진하길 바란다.

후배들이여, 덤벼라. 난 질 자신이 없다.

배정찬

그저 계속 나아가자

이준

"뭐… 일용직이죠." 명절에 모인 친척들이 내게 근황을 묻기에 답했다. 아주 적당했다. 그 이상의 말은 나를 자만하게 한다. 나는 쉽게 자만하지만 스스로에게 확신은 없다. 요컨대 '팔랑귀'다. 어쩌다 보니 나의 삶과 음악이 여기까지 오게 되었다. 처음 가야금이란 악기를 접한 것도 국악중학교 입학 후 선생님 강요에 며칠을 울고 떼쓰면서 억지로 한 결정이었고, 대입도 친구들이 말하는 대세에 따라 '좋은가 보다…'하는 생각으로 임했던 것 같다. 이렇게 적당히 살아오면서도 아직 연주를 할 수 있는 것은 그저 '계속'해왔기 때문이지 싶다. 본래 워낙 예민하고 신경질적인 성격이라, 그것을 억누르다 보니 오히려 '아~ 몰랑' 하는 투로 살게 된 것도 같다. 아무래도 음악에 대해서는 예민하고 엄격할 수밖에 없다 보니 정신 건강을 위한 본능적인 반동일지도 모른다. 결국 음악에 모든 정신력과 체력을 쏟고 탈진된 채 '적당히' 삶을 산다. 이거다.

지금 나는 좋은 팀원이 되고 싶은 연주자이다. 조금 이상하게 들릴지 모르나 솔리스트나 세션이 아닌 팀원이다. 함께 시너지를 일으켜 나 혼자만의 한계를 뛰어넘는 음악을 만들거나 연주를 통해 우리를 느끼는 것. 그것이 쾌적한 팀의 모습이라고 생각한다. 물론 늘 내 마음 같지는 않다. 때문에 사람과의 관계 속에 엄청난 피로감을 느끼기도 하지만 어느 한순간 음악을 통해 하나가 되는 기적 같은 희열이 모든 것을 해소한다. 그러므로 나란 연주자의 이야기는 함께하는 동료들과 떨어뜨려 말할 수 없다.

처음으로 함께하는 음악을 시작한 것은 현재 창작그룹 '불세출'로 알려진 팀에서이다. 시작은 한예종 전통예술원 04학번 남학생 발표회로 일회성 프로젝트 공연이었다. 대학 1학년, 선배들의 공연을 무대 뒤에서 돕다가 부러움에 의기투합하게 되었다. 아무것도 모른 채 CD를 산처럼 쌓아 놓고 빙 둘러앉아 듣고 고민하고 연습하기를 반복했던 그때. 지금 생각하면 너무나 비효율적인 방법이었지만 가장 순수하고 뜨거운 열정으로 가득 찼던 시기였다. 서로의 부족함을 채워가며 대화를 통해 악기를 통해 더디지만 '팀원 모두가 납득할 수 있는 음악'을 만들고자 했던 마음. 그것이 '불세출'의 가장 큰 힘인 공동창작을 지속하게 하는 원천이라 생각한다.

공동창작을 통해 배운 가장 근본적인 기준은 나

자신과 내가 믿는 동료들이 납득할 수 있는 음악이다. 너와 내가 좋으면 됐다. 많은 사람이 좋아해 주면 감사한 일이지만 감히 수많은 대중들의 취향을 판단하려고 하지 않는다. 요컨대 '너와 내가 좋으면 됐다'는 것은 자만심이 아니라 음악에 대한 순수한 마음가짐과 진지한 자세에 대한 이야기다. 수신제가치국평천하(修身齊家治國平天下)란 옛말을 매우 좋아하는데 '치국'이나 '평천하'는 범인이라 모르겠으나 '수신', '제가'라도 어찌어찌 해보려 함이다. 어느새 뿌리내리게 된 마음가짐은 음악 활동 전반에 걸쳐 큰 영향을 미쳤다. 창작그룹 '불세출' 이후의 K-Arts 가야금앙상블 '280', 민속악회 '수리', 음악그룹 '나무', 월드뮤직그룹 '세움', 그리고 남성가야금 앙상블 '춘호가랑'까지 여러 동료들을 만나고 헤어졌다. 그 관계 속에서 끊임없이 이 음악 속에 내가 있는가, 이 음악을 스스로 납득할 수 있는가 자문한다.

그렇다면 그 기준은 무엇일까? 대부분 전통음악을 학습하고 창작하는 사람들은 전통음악을 통해 현대의 감성을 담을 수 있는 음악을 하고자 한다. 나 역시도 마찬가지다. 다른 사람들이 결코 생각할 수 없는 새롭고 특별한 음악, 이런 오만한 발상은 창작음악의 가장 큰 함정이라고 생각한다. 전통음악의 역사를 되짚어보면 삼한시대로 거슬러 올라가 동맹, 무천 어쩌고 하며 고대적부터 전해지고 발전하기를 거듭해왔다. 게다가

지금도 역시 동서양의 전통음악, 팝, 재즈 등의 다양한 장르가 서로 영향을 미치고 융합하는 흐름이다. 상상도 할 수 없는 세월의 깊이와 다양하고 복잡한 넓이를 뛰어넘는 새로움, 그리고 특별함이라니! 나는 잘 모르겠으니, 우선 지금 내가 하고자 하는 것은 분명 누군가 생각했고 실현했겠지만 다시금 그 안에 내가 배운 전통음악과 나 자신을 담아냄으로 의미를 찾고자 한다.

전통음악. 결국 모든 이야기의 귀결은 전통 음악이다. 딱 아는 만큼만 들리는 이 깊은 음악이 어찌 한 시대를 풍미하는 음악이 되었을까? 가끔은 우리 조상님들의 음악적 격이 얼마나 높았을지 상상조차 되지 않는다. 아는 만큼 들리고 알면 알수록 더욱 어려운 전통음악. 소리보다 듣는 귀가 빨리 성장하는 통에 잡은 듯 놓치고, 다다른 듯 멀어지며 희망과 좌절을 선사한다. 하지만 그것이 바로 이 배움의 묘미가 아닐까 싶다. 과연 죽기 전에 '가야금 제대로 탄다'란 말을 들을 수 있을까? 늘 의문이다. 하지만 그렇기에 의미 있는 목표일 테다.

내가 하고 있는, 할 수 있는, 하고자 하는 창작음악. 그것은 5~10분 정도의 창작음악 속에 지금의 내가 표현할 수 있는 전통음악의 작은 편린을 담는 작업이다. 전해온 전통음악을 부족하게나마 몸에 담으려고 애

쓰는 의무감과 후배들과 학생들에게 다시 전하고자 하는 사명감. 이 두 가지 외에 창작활동을 통하여 조금 더 널리 전하고자, 또 그 안에서 자신에 대한 의미를 찾고자 함이다.

하지만 현실의 냉혹함 또한 마주해야한다. 2014년의 나는 커피집 알바생이었다. 밤 12시부터 아침 7시까지 커피를 만들고 청소하며 근근이 살아갔다. 삶을 유지해나가는 것 자체가 버거운 아주 힘든 시기였다. 그러나 오히려 고뇌와 절망 속에서 내 삶에 가장 첫 번째는 언제나 음악이었음을 깨달았다. 그리고 그 음악 속에 항상 삶의 희망이 있었다는 것을 배울 수 있었다. 나 같은 예술일용직들은 당장 다음 달, 다음 해가 어찌 될지 장담할 수 없다. 그러니 지금 당장 잘 나간다고 거만할 것도 없고, 연주 한 번 없이 한가하다고 서글퍼할 노릇도 아니다. 현재에 대한 감사함과 음악에 대한 믿음으로 그저 계속하는 것이다. 어쩌면 예술인의 삶은 고달프지만, 또 그 고달픔이 맛이라고 한다면 너무 긍정적인 위로일까. 결국 예술을 하는 나에게 한계란 주변의 환경과 그것에 휩쓸리는 자신이다. 그 한계선은 자신이 만들어낸 허상과 같다. 그러니 '적당히' 살아가되, 그저 '계속' 나아가자. 스스로 낙화하지 않는다면 우리는 예술 속에서 영원히 피어나 아름다울 것이라 믿는다.

이 글은 한국예술종합학교 대외협력과로부터 의뢰 받아 한국예술종합학교 매거진 〈K-Arts〉 16호에 실었던 칼럼을 재편집하였다.

배정찬

중고등학교 시절 서른이 되면, 무언가 되어 있을 거라 생각했다. 난 지금 33살이다. 많은 나이는 아니지만 너무 많은 후배를 둔 청년이다. 10대에도 20대에도 난 장구를 잘 쳤다. 난 그렇게 생각했다. 그래서였을 것이다. 서른이면 무엇을 이루었을 거라고. 하지만 지금 난 아무것도 아니라고 얘기한다. 솔직히 그저 그렇다.

지금 국악인을 꿈꾸는 젊은이들이여, 어떤 꿈을 꾸며 악기 앞에 거울 앞에 있는가? 무엇을 하고 싶은가? 어차피 천운이 다가오지 않는다면 전통이란 예술에서 성공은 바라보기 어렵다. 그렇다면 무엇을 위하여 무엇이 하고 싶어서 연습하고 있는가? 그대들이 바라는 삶은 어떤 것인가? 혹여 대학입시를 위하여 열심히 노력하였는가? 그렇다. 그 시기엔 그럴 수밖에 없다. 하지만 합격을 하고 캠퍼스의 낭만을 느끼며 어떤 꿈을 꾸고 있는가? 그저 빨리 졸업하면 무언가 될 거라는 허황된 꿈을 꾸지는 않는가?

여기서 꿈은 꿈일 뿐이다. 아무것도 희망적이지 않다. 지금 이 시절엔. 슬프지만 어쩔 수 없다. 잘해도 뭐가 없고, 더 잘해도 뭐는 없다. 그렇다면 무엇인가? 잘하지 못하면 아무 것도 없다는 얘기다. 그럼에도 불구하고 이 세계의 삶을 이어가고 싶다면, 안팎으로 부끄럽지 않은 잘하는 사람은 되어야 하는게 최소한이지 않을까 한다. 질문하라, 객관적으로.

"나는 무엇을 잘하는가?"

지금껏 살아오면서 소탐대실을 하는 여러 동료들을 보며 안타까웠기에, 공부는 평생이지만 공부 하기에 가장 좋은 시기에 있는 후배님들이 다른 곳에 눈이 팔려 시절을 놓치지 않길 바라는 마음에 끄적끄적 적어본다. 아직 근근이 버티고 있는 선배가 한마디 해주고 싶은 넋두리 일 뿐이다.

"잘해도 쉽지 않은데 잘하지 못하면 어쩌랴"

그런데, 여기서 항시 많은 이들이 착각하는 것이 "난 오늘 열심히 했어"라는 합리화와 자기위안이다. 음악은 많이 연습한다고 잘 하는게 아니다. 좋지 않은 방향으로 연습을 많이 하면 오히려 마이너스가 될 뿐이다. 악기를 오래 붙들었다고 잘 하는 것도 아니다. 악기를, 음악을 언제나 머릿 속에 굴려야 얼씨구 하는 사람이 될 것이다. 난 언제나 두 문장을 떠들고 다닌다.

"늘어야 사람이다" "열심히 하지마라, 잘해라"

지금부터 이 얘기를 해보려 한다.

1. 정확히 파악하라.

- 내가 지금 무엇이 잘못되었는지를 알아야 한다. 논리와 의심.

전공자가 자신이 하고 있는 모든 행위(음악)에 대한 분석을 하여 논리적으로 말할 수 있는 것은 어려운 일이다. 그러나 모든 것을 할 수는 없어도 하나하나가 어떻게, 왜, 그렇게 구성되었는지에 관해서 고민을 하지 않으면 더 나아가기 어렵다. 장구를 예를 들면 "이 가락은 이런 구조로 이런 변형의 박자를 사용하며 다른 박자인 듯 하지만, 이렇게 맞아 들어가고, 다른 악기와의 앙상블은 여기에서 맞아 들어갈 때 생긴다" 정도는 이야기할 수 있어야 한다.

이러한 식으로 가락 하나하나 분석하면서 자신의 음악적 논리를 구축해 나가는 것이 체계적 학습의 기초라 할 것이다.

무엇이 옳다고 주장할 때에는 '왜 옳은가'를 말할 수 있어야 한다. 내가 이렇게 치는 것이 왜 옳다고 말할 수 있는 소신에는 근거가 필요하다. 그것이 있어야 누군가의 질문에 당당히 논리적으로 대답할 수 있고, 아닌 것이 무엇인지 알아볼 수 있게 된다.

이제 그 논리를 바탕으로 처음은 나, 그 다음은 다른 연주자들, 마지막으론 선생님을 의심해 봐야한다. "나는 무엇을 지금까지 잘 못 하고 있었는가? 저 연주자의 저 부분은 이러이러하여 뭔가 좀 맞지 않는군. 나의 스승님께서도 저러한 부분이 있구나".

결단코 스승님의 은혜를 저버리라는 말이 아니다. 그저 "스승님의 가르침은 무조건 옳다"라는 생각에선 빠져나와 넓게 바라봐야 한다는 것이다. 그렇게 자신이든 다른 사람이든 냉철한 눈으로 바라봐야 하나 둘 씩 얻어가게 된다.

2. 길을 찾아라. 네비게이션을 따라가면 빠른 길이 보인다.

지금까지 수많은 시간을 쳐왔다면 그리고 이제 기본적 논리가 확립되었다면 잠시 치고 오래 봐라. 대전에서 서울로 빨리 가려고 비행기를 타고 날아도 부산 쪽으로 간다면 낭패지 않을까 의심이 생길 때마다 채를 내려놓고 방향을 제시해 줄 만한 자료를 찾아라. 그걸 보고 들으려 "우와. 더럽게 잘한다." 이런 말은 접어두고 한번 볼 때 한 가지 이상 캐치해 내는 것을 목표로, 집중하고 볼 것이며, 보일 듯 안보이면 바로 다시 돌려 또 봐라. 봐도 봐도 모르겠으면 알 만한 사람에게 질문하여 답을 얻어라. 물론 내가 스스로 알아내는 것과 질문하여 답을 얻는 것은 나중엔 큰 차이를 보일 것이다.

3. 디테일하게 분석하라.

이제 알았으면 그 다음은 완전한 도둑질이다. 말도 안될 만큼의 디테일을 갖고 그 보물을 훔쳐내면 된다. "저 가락을 칠 때 궁채의 각도는 95도 정도이며 더궁에서 더의 세기가 10이면 궁이 8.2 그 다음 궁은 9가 되는군." 이라는 것은 말도 안되는 소리지만, 어쨌든 그렇게 하라. 그냥 최대한 디테일하게, 정말 디테일하게 분석하여 훔쳐오면 일취월장 할 수 있을 것이다. 그리고 훔쳐올 때는 최대한 빠르게 훔치도록 해야한다. 여기선 "눈은 손보다 빠르다"를 목표로 해야 한다. 왜냐하면 도둑 맞지 않기 위해 노력하는 사람도 많기 때문이다. 많은 걸 훔치려면 빠르게 빼 내와야 한다.

4. 학습을 분산하지 마라.

한가지에 빠졌다면 그것으로 무언가 자신있게 할 수 있을 때까지 그것을 학습하라. 많은 것을 붙들고 있지 말고, 하나씩 들고 먹어라. 손은 두 개 뿐이다.

진짜 안되는 것도 있다. 재능도 분명 존재하고, 신체적 능력도 한계가 있다. 어쩔 수 없다. 버리고 술이나 한잔 하며 아쉬워하고, 무대에서 나의 무기가 되어 줄 그것을 업그레이드 하는 것으로 위로를 삼아야한다.

하기 싫은 건 하지마라. 어차피 해봐야 안된다.
남들이 "그런 건 뭐하러 하냐?" 라고 하든 말든 흥미가 생기는 것이라면 최선을 다해서 해야한다. 결국 우린 하고 싶은 것을 하고 살기위해 이 삶을 택한 것이니, 새로움을 찾는 재미를 잊지 않는게 좋을 것이다. 또 그것이 능숙해지면 어느새 그것이 내 무대에서 큰 힘이 되어 있을 것이다.

학습이 그 시절 인생의 전부인가? 90%? 몇%? 뭐가 답
인지 누가 알겠는가. 허나 언제나 중심은 현재 내가 잘
하고 싶은 그것을 머릿속에서 춤추게 하면서, 놀고 먹
고 마시고 사랑하고… 그렇게 해야한다. 머릿속에서 사
라진 채로 오래 두면, 정말 사라진다. 내 인생에서.

생각만해도 실력은 향상된다. 늘어야 사람이다.

끝으로, 난 잘 못했고 지금도 잘 못하지만, 가장 중요한
것은 좋은 사람이 되자는 것이다. 좋은 인성을 갖고 다
른 이와 잘 어울리는 행복한 예술을 하는 것, 그것은 우
리 모두의 목표이지 않을까.

난 아무것도 아니다. 하지만, 남들은 더 아무것도
아니다 라고 여기면서 까불지 말고, 정진하길 바란다.

후배들이여, 덤벼라. 난 질 자신이 없다.

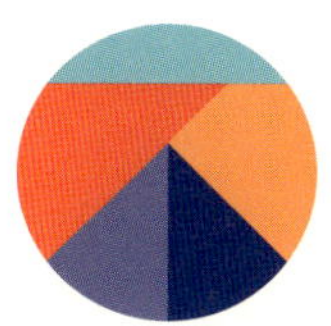

불 세 출

앙 상 블

활동 10년 회고 좌담회

활동 10년 회고 좌담회

일시 : 2017년 2월 5일 오후

장소 : 양평 다빈

·

사회 : 송현민

불세출 : 김용하·박제헌·전우석·이준·박계전·배정찬·김진욱·최덕렬 / 김미지

불나비 : 회장 이경희·부회장 김민근·총무 김지인·홍보수석 정의효

진인진 : 김태진

1부

송현민: 현장에서 늘 뵈었으니까, 인사는... 새해 복 많이들 받으시고요. 올해 10주년인데 다들 아저씨가 되었네요. 일단은 불세출 후원회의 후원에 힘입어서, 올해 불세출이 창단 10주년이고 해서 뭔가 여러 가지 사업을 도모하고 있는 거 같더라고요.

그래서 방점을 찍는 몇 개의 기념품들 있잖습니까. 공연, 음반, 이런 책이. 요새 젊은 앙상블들이 사실은 어떤 기록물에 대해선 생각을 많이 안 하고 있는데 특별히 불세출은 그 동안의 시간을 한번 정리해 보고, 또 나아갈 지도도 그려볼 수 있는 이런 기록물이 나온다는 게 굉장히 의미심장한 거 같아요.

오늘 하는 내용은 좌담으로 책에 적지 않은 분량으로 들어가게 되고요. 개인의 역사일수도 있고, 또 그런 개인의 역사가 모여서 만든 불세출의 역사일수도 있는데, 페이지 수가 굉장히 많이 잡혀 있습니다. 이 페이지는 몇 개의 주제들을 놓고 여러분들의 이야기를 담는 페이지로 기획, 진행하고 있습니다.

나눠드린 자료를 보시면, 제가 이렇게 몇 개의 기둥을 세워 봤는데요. 혹시 먼저 들어가기 전에 불편한 질문이라든지 아니면, 먼저 답변을 주시고 싶은 질문이 있으시다면 순서를 편하게 잡으셔도 좋고요.

첫 주제는... 최근에 제가 수합한 앙상블들입니다. 시로(詩路), 고래야, 호나(HONA), 정가악회 등인데 불세출하고는 위아래로, 많게는 10~15살, 적게는 2~3살 차이 나는 연주자들로 구성된 그룹들이구요. 여기서 제가 이야기 하고 싶은 것은, 이들 속에서 불세출, 우리만의 음악 찾기. 이게 사실, 앞으로 불세출이 나아갈 방향을 좀 암시하는 질문인 거 같기도 하구요.

다음은 곡을 만드는 과정에 대해서, 각 팀마다 혹은 모인 사람들이 어떠냐에 따라서 곡을 산출하는 과정이 다르고, 결국에는 그게 팀의 정체성이 되기도 하는데 그런 거에 대해서 말씀해 주셔도 되구요.

또 먹고 살자고 하는 거 아닙니까. 먹고 사는 것에 대한 이야기들.

그 다음 질문은, 불세출이 흩어지면 개개인이 또 뛰어난 역량을 지닌 음악가들이기 때문에, 본인의 색채를 드러내는 그런 이야기들.

그리고 요새 앙상블이 해체하는 원인 중의 하나가 이거라고 생각해요. "아무래도 국악으로는 안 되더라" 하면서 여러 가지 컬래버레이션을 하면서 다른 장르와 붙는다든가, 다른 장르의 앙상블 단원으로 들어가거나, 해체, 재결합의 과정에 있고요.

우연의 음악은 불세출만의 어떤 코드죠. 이런 이야기가 있잖아요. 시나위를 연주할 때, 본인의 의지가 아니라, 뭔가 음악에 따라 흘러가는, 휩싸여 가는 그런 기분? 그래서 나는 내가 음악을 하는 사람이긴 하지만, 때로는 음악에 의해서 내 자체가 기분 좋게 이용당하지 않나 하는, 엉뚱한 질문을 하고 싶구요.

어떻게 될지는 모르지만, 이렇게 살고 싶다, 악기를 관두고 싶다라는 답변까지도 포용하는 질문입니다.

질문이 어렵나요?

그럼, 다섯 번째부터 한번 가 볼까요? 곡을 만드는 과정에 대해서요. 실험, 악보, 연주해보기, 영감, 기다리기, 시도, 논쟁 등. 이건 덕렬씨한테도 강하게 다가오는 질문이기도 하구요.

배정찬 : 한동안 이게 좀 없었던 거 같아요. 우리 음반을 내자 하면서 지옥가를 만들 때나, 다른 여러 곡을 만들면서 음반 녹음을 목표로 했을 때에는, 같이 의논을 많이

하고, 사실 이렇게 합숙을 들어오게 된 것도 그렇고, 뭘로 뭘 만들었으면 좋겠다라는 이야기를 많이 했었는데.

사실 저 같은 경우는 덕렬이가 곡을 많이 써 줬으면 좋겠다고 어필을 하는데, 많이 안 씁니다.

용하나 준이 같은 경우도 마찬가지구요. 불세출은 공동창작이라는 걸 많이 하고, 덕렬이에 의한 곡도 나오고, 애네들도 의견을 많이 냈던 거 같은데, 지금은 뭔가 약간 다들 신곡에 대한 의욕들이 떨어져 있지 않나 싶습니다.

이준 : 정확합니다. 네.

배정찬 : 왜냐하면 나만 곡을 못 쓰니까, 애들 다 쓰는데. 전 비루한 타악잽이이기 때문에.

송현민 : 신곡에 대한 의욕이 떨어져 있다?

이준 : 하지만 10주년을 기념해서, 파이팅 해서 이제 곡을 쓰자라는 그런 데 와 있죠. 사실 예전에 곡을 많이 쓰고 싶지 않았던 이유가, 곡은 많이 있는데, 연주가 많이 안 되고 있는 것들도 많고 해서거든요. 약간 재고가

쌓여져 있는 중소기업 느낌이어서 일단은 곡을 만드는 거 보다는 더 많은 자리에서 연주를 많이 할 수 있게, 저 같은 경우에는, 기획적으로 말을 잘 만들어서 어떤 레파토리를 가지고 가는 공연을(했으면 싶습니다).

배정찬 : 어제 나온 얘기야.

최덕렬 : 2년 전에도 나왔어.

이준 : 그런 식으로 갔으면 해서, 김미지[1]에게 부탁했던 부분도 있는데, 사실 곡을 만들고자 하는 의지가 없었죠. 근데 10주년이고 하니까 더 이상은 물러설 수 없는 것이 되었기 때문에, 이제 신곡을 만들어야 한다고 생각을 하구요. 만들어 왔던 방식 자체에 대해선 기존에 있었던 방식이 좋다고 생각해요.

송현민 : 어떤 방식이요?

---

1 前 연희집단 The광대와 불세출의 기획자.

배정찬 : '지옥가'를 예를 들면. 이런 노래가 있다. 근데 너무 독특하고 멋이 있는 노래다. 한 번 이걸로 뭔가를 해 보자. 그 땐 용하가 썼죠. 악보로 된 건 아니지만 기본 베이스가 되는 거만 써 와서 맘대로 연주를 해라. 그 다음엔 서로 욕을 하죠.

이준 : 일단 녹음을 해 가지고, 그 음악 위에서 이상한 짓거리를 계속 했어요. 그 다음에 용하가 듣고 정리를 해 오면, 앞부분을 해 온 것을 듣고, 또 다시 이것저것 해 보면서 그걸 토대로 해서, 처음부터 공동창작으로 들어간 거죠. 그런 것도 있는가 하면, 어떤 곡은 누군가 어느 정도 초안을 해 와서 살을 붙여서 하기도 하고, 어떤 곡은 아예 누군가 한 명이 풀로 다 써 오기도 하고, 풀로 다 써 온 데서 약간의 연주자로서의 자신을 그 안에 삽입하는 정도의 작업.

배정찬 : 아무도 장구는 안 써 준다. 전부 다 써 와도.

최덕렬 : 일일이 그리기가 힘들어요, 그게.

김용하 : 내가 써 줄게. 해 줘도 그대로 연주하지도 않으면서.

배정찬 : 딴 팀들은 다 그냥 악보를 해 버리나, 작곡가가?

최덕렬 : 그런 팀도 있는데, 요샌 거의 없어.

곡을 만드는 과정의 대립과 논쟁,
그리고 갈등(1)

배정찬 : 과정에 대한 걸 얘기하다 보니까 시도, 논쟁, 이런 게 있는데. 다른 팀은 잘 모르겠지만, 정말 이렇게 싸울 수가 있나? 할 만큼 불세출은 정말 많이 싸워요, 감정적으로.

송현민 : 그래요?

이준 : 내가 페이스북에 공유 한 거 봤어? 프레디 머큐리 나와 가지고, 스티븐 잡스랑. 결국에는 우리가 예전에 대단해진 그런 팀들과 같은 상황으로 발전하고 있다고 생각해서 난 되게 긍정적이었거든. 누구 한 명이 이끄는 게 아니라서.

김용하 : "우린 정말 많이 싸운다. 공연 올라가기 10분 전에도 우린 싸우고 서로 보지도 않는다, 하지만 무대에 올라가서는 그런 게 없다, 그게 우리가 음악을 이 만

큼 할 수 있는 원동력이 아닌가" 하는 거였어요.

이준 : 아니야, 아니야. 넌 굉장히 중요한 걸 놓치고, 되게 중요하지 않는 부분만 얘기한다고 생각해.

배정찬 : 이딴 식이에요, 그냥.

박제헌 : 이제 시작이네요.

이준 : 음악 만드는 거 자체에 대한 이야기가 좀 컸었던 거 같은데, 그러면서 싸우기도 하고.

송현민 : 왜 싸워요? 싸운다는 게 뭐죠?

이준 : 음악에 대한 양보를 하지 않는 거. 리더 체제로 가는 팀은 리더가 이렇게 가자하면 안 좋아도 가더라고요. 여기서는 끊임없이 화학작용으로 싸우는데, 그걸 어떤 한 사람이 모두 납득할 때까지 싸운다, 즉 우리 불세출 자체가 납득할 때까지 싸우거든요.

최덕렬 : 늦게 들어온 사람 입장에서 제가 얘기하면요, 실제로 음악 내용 가지고 싸우는 건 되게 간단한 문제에요. 근데 표현 방법이 서로 서툴러서 실제로는 감정을 상해가며 싸워요.

송현민 : 중딩이네요(웃음).

최덕렬 : 그렇다고 볼 수 있죠(웃음).

박계전 : 전우석, 김용하, 이준 이 세 사람이 싸우는 핵심 단원들이야.

김용하 : 요새 말 줄이고 있어(웃음).

전우석 : 난 한 마디도 안 했는데.

김용하 : 제 생각은 정찬이가 신곡을 만드는 것에 대해서 줄었다라고 이야기 하는데, 저 스스로 드는 생각은

그런 과정을 또 가고 싶지 않아서요. 또 싸워야 되니까. 왜냐하면 뭐랄까, 그 때 '지옥가'를 만든 게 마지막이지. 공동창작 식으로. 몇 달 동안 한 게. 마지막인데.

박제헌 : '비나리'가 있었지.

김용하 : '비나리'가 있었네.

전우석 : 덜 싸워서 기억이 안 남는 거야,(웃음) '비나리'는.

배정찬 : '비나리'도 많이 싸웠어. 나이 들어서 덜 싸우는 거여(웃음).

이준 : 이젠 말을 좀 더 아끼게 되는 거 같아.

김용하 : 어쨌든 욕구가 줄어들었다고도 하는데, 이게 시작을 먼저 하기가 약간 조심스러운 부분도 있는 것도 있는 거 같고.

송현민 : 근데 또 이런 게 있잖아요. 단원들이 한 명 한 명 개인 활동들이 많아지고. 정찬씨만 해도 다른 앙상블에서도 많이 활동하고 그러잖아요. 그러면서, 바깥에서 보고 듣고. 뭔가 더 생각이 많아지고 그래서, 이 안에 와서 좀 더 편하게 우리들끼리 만들 때 새로운 의견을 좀 더 내고 그러고 싶어 하는 단계인 거 같기도 해요. 개개인이 성장을 하니까.

이준씨도 세움[2] 같은 데서 전혀 다른 분위기에서 활동을 하다가, 여기 와서 밖에서 듣고 배운 것을 하고 싶어 하는 것도 있고. 그런 건 긍정적으로 작용하나요?

이준 : 전 그걸 확실하게 나눠야 된다고 생각하는 사람이구요. 저는 팀을 다섯 개를 하는 사람인데, 갖고 있는 각각의 아이덴티티가 따로 있어야 해요, 그래서 전 그걸 확실하게 나누려고 하는데, 나누는 가운데 또 어떤 음악의 한계성을 접어 버리는 것일 수도 있기 때문에 조심스럽기도 해요. 그래도 그걸 섞이지 않게 잘 나아가려고 고민을 많이 하는 편이고, 그 고민이 굉장히 큽니다.

제가 추구 하고 싶은 전통 음악적인 기준을 좀 분명하게 잡아서, 제가 닦아 오는 것을 분명하게, 세움식

2　세움(SE:UM)은 2013년 대표 유세움을 주축으로 결성된 음악 단체로 한국 음악을 기반으로 다양한 음악적 결합과 실험적 활동을 이어가고 있다. 현재, 음악감독 및 가야금의 이준을 중심으로 트럼펫의 하승국, 색소폰의 한훈식, 전통타악과 구음의 이민형으로 구성되어있다.

으로 두고, 불세출 식으로 두고, 춘호가랑[3] 식으로 두고, 이런 식으로 구별을 하려고 하는 것 같아요. 저를 잃지 않으려고 하는 게 가장 중요한 거 같습니다.

그리고 여러 팀을 해 보니까 사실 그건 있어요. 사람들과 함께 하는 가운데 어려움이 있는데, 그래도 여기는 종가집이나 본적 같은 느낌이죠. 가족 같은 느낌이 확실히 있어서, 싸워도 여기서 그만 둔다는 카테고리 자체가 아예 없거든요.

송현민 : 마지막 질문하고도 좀 녹아 들어가 있는 질문인데 이준씨가 하신 이야기에 다른 단원들은 어떻게 생각 하세요? 제가 편하게 악기로 지명하겠습니다. 작곡 말씀해 주시죠.

최덕렬: 제 경우에는 여기가 메인이라고 생각하는데, 저도 전공이 작곡이다 보니까 주문 제작이 주 업무에요. 남이 원하는 걸 만들어 줘야 해요. 물론 제 색깔을 넣어야 되긴 하지만, 요구하는 업체마다 주문해 주는 테이스트가 다 다르기 때문에 제가 곡을 쓸 때 마다 항상 색채가 달라지거든요. 준이가 한 얘기랑 같은 얘기인데

요. 결국 제가 추구 하는 건 딱딱 있고, 여러 가지 제 작품을 만들 때 얼마큼 씩 어떤 걸 내놔서 보여줄 것이냐를 선택 하는 정도의 차이가 있고, 그렇지요. 그리고 여기 오면 마음이 편해진다, 그런 건 너무나 당연한 얘기구요.

김용하 : 기량적인 부분도 포함 되죠. 예를 들어 현대음악을 연주자로서 한다면, 난 현대적인 음악도 연주할 수 있고, 전통적인 것도 연주할 수 있는데 일단 기량이 되어야 이걸 할 수 있잖아요.

작곡도 그런 개념인 거 같아요. "난 이런 음악만 좋아"라고 한다면 그것만 할 것이고, "난 이거 저거 해 보겠어", 어떤 그런 범위를 넓히겠다는 의지가 있으면, 연주자든, 작곡가든, 창작가든 해 보는 거고. 그런 게 있기 때문에 준이도 여러 팀을 하고 있는 거 같구요.

전우석 : 그게 수동적이냐, 능동적이냐 차이도 있는 거 같아요. 준이는 팀을 찾아서 하는 거 같은데 저는 약간 불려서 하는 경우가 많거든요. 하다보면 다른 아티스트들을 만날 거 아니에요. 그럼 개인적으로 사람이 주는

---

3 춘호가랑(春澔伽郎)의 춘호란 국립국악원 정악단의 지도위원인 이종길의 호를, 가랑은 가야금을 하는 남성을 뜻한다. 이종길 문하생들이 만든 남성 단체로 김준회, 김철진, 김형섭, 노도균, 신창환, 원면동마루, 윤상연, 이수윤, 이준의 9명으로 구성되어 있다.

영감이 다르단 말이에요. 불세출에서 이 친구들에게 받는 거랑, 다른 친구들에게서 받는 게 다른데요. "이 친구는 약간 책에서 아이디어를 많이 얻네", "이 친구는 그림에서 아이디어를 많이 얻네", 그런 것들이 느껴 지는데, 저는 거기에 좀 영향을 받아서 그 순간에만 제게 녹아 드는 것 같아요. "나는 불세출과 다르게 해야지"라고 의식적으로 하는게 아니고 내가 약간 다르게 표현이 되는 순간인거죠.

 곡을 만드는 과정의 대립과 논쟁,
그리고 갈등(2)

송현민 : 말씀 하신 것들 들어보면, 악기의 성향을 따라 가는 게 있는 거 같아요. 성격들이.

김용하 : 거문고가 메인이 될 수는 없으니까.

전우석 : 아니, 메인이 될 수는 있는데요, 어디서 깽깽이 가(웃음).

박제헌 : 될 수 없지, 거문고는 메인이.

박계전 : 안 되는 건 안되는 거지.

김용하 : 깽깽이의 시대요. 지금(웃음).

전우석 : 깽깽이 시대는 이미 갔지? 깽깽이는.

박계전: 거문고는 17세기 아닌가?

전우석 : 언젠간 돌아, 유행은 돌고 도는 거야. 거문고의 시대가 올 때가 되었어. 거문고 만의 특수성이 있다 보니까 물론 메인으로 확 튀어 나오지는 않더라도.

김용하 : 성향적인 게 맞는 거 같아요. 확실하게 리드를 하는 사람들은 리드를 하는 편이 있는 거 같아요.

전우석 : 다른 친구들은 어떻게 하는지 모르겠는데, 확실히 내가 다른 팀 가서 같이 활동을 하면서 느껴지는 건, 내 주장이 되게 강해져요. 근데 불세출에서 같이 하게 되면, 서로 모두 주장이 강하기 때문에 부딪히면서 와해 되거나, 휩쓸려가거나 그런 식이거든요.

송현민 : 내공이 세지고 있는 단계잖아요, 다들

박계전 : 그런 거 있잖아요. 쉽게 말해서, 철판 깐다고 하잖아요. 귀를 막아요. 얘기를 할 때.

김용하 : 많이 좋아졌어.

최덕렬 : 좋게 보면 좋아진 거고, 나쁘게 보면 내려 놔 버린 거고. 포기 한 거죠.

박계전 : 내 의견을 지고 싶지 않아 하는 게 커서, 전 못 해요. 전 못 껴 들어가요. 죽을 거 같아요. 저는 주로 관전을 하기만 하죠.

최덕렬 : 관전만 해도 스트레스 장난 아니야.

박계전 : 내 의견이 밀리면 낭떠러지야, 약간 이런 느낌으로. 음악 얘기를 하든 뭘 얘기 하든지, 감정적으로 얘기해서 문제지.

박제헌 : 제 와이프가 우리들 토론하는 거 보고, 처음 한 말이 "왜 싸워?"라고 하더라구요. 안 싸우는 건데, 토론하는 것뿐인데.

최덕렬 : 객원으로 왔던 사람들 다 그렇게 얘기해요.

박제헌 : 우리 모두 치료 받아야 해

전우석 : 근데 나는 일장일단이 있다고 생각해. 지금은 평화롭게 얘기하자 나오는데, 그래서 오히려 주장이 약화 되어 가지고.

최덕렬 : 아니야, 방법을 달리해야 돼.

박제헌 : 다들 상남자라.

박계전 : 밖에선 모두 부드러워요. 여기만 오면 그래요. 다 만나기만 하면.

전우석 : 근데 유지 되는 게 되게 신기하죠?

송현민 : 신기하지도 않아요.

김용하 : 욕심이 있어서 그렇다고 생각해요.

박제헌 : 근데 웃긴 게, 다른 의견을 내잖아요. 한숨 쉬고 "5분 있다 다시 얘기 하자" 그래요. 근데 나중에 다시 얘기하면, 우석이는 "준이 얘기대로 하자", 준이는, "아니야. 네 얘기가 좋은 거 같아" 그래요.

송현민 : 약간 싸우는 것에 대해서 구체적으로 들어가면, 여기가 사실은 솔리스트 앙상블이란 말이에요. 오케스트라처럼 공동으로 하는 게 아니라, 예를 들면 오케스트라 수석들만 모여 가지고 솔리스트들이 만든 앙상블인데, 그런 경우에는 사람들이 그 앙상블을 보러 가지만 사실은 본인들이 좋아하는 솔리스트를 볼 때의 맛인 거 같은데, 불세출도 그런 성격이 있어 보여요.

싸움에 대해서 구체적으로 얘기하자면, 어떤 부분을 놓고 싸우는 거예요? 솔리스트로서의 역량이 강화되고 있는데, "내 부분이 물리적으로 적게 나오는 거 같다, 멋이 없게 나오는 거 같다" 그럴 수도 있잖아요.

김용하/ 전우석 / 박제헌 : 그런 건 아니에요.

김용하 : 분량에 대한 부분이 아니고, 단순히 얘기하자

면 음악을 구성할 때, "여기서는 강해져야 될 거 같아", "여기서는 약해져야 될 거 같아", "그 부분이 아닌데", "여기서 강해져도 상관없을 거 같은데", "아니야, 여긴 당연히 약해져야지" 이런 식으로, 언쟁이 되는 거 같아요. 구성하는 데 있어서의 흐름이 주장이 다를 수 있는 거죠. "여기는 박이 맞아도 된다. 안 맞아야 된다. 맞지 않아도 상관이 없다" 등 분량에 대한 부분은 아닌 거 같아요.

전우석 : 분량에 대해선 한 번도 싸워 본 적 없어요.

최덕렬 : 알아서 끼어들어야 자기 분량을 챙기는 거니까.

■ 곡을 만드는 과정의 의사소통

송현민 : 작곡 같은 경우에 좀 어때요? 두 개의 상충 부분이 있을 거 같은데. 곡을 줘도, 곡 대로 연주 안 하면 작곡가로서는 짜증나잖아요.

최덕렬 : 제가 첫 시작할 때부터 그렇게 해 가지고, 그거 자체에 대해선 상관이 없어요. 왜냐하면, 제가 대충 써 놓고 알아서 하라고 놔둘 때도 있거든요. 그래서 편하기도 한데. 그런 것도 있고, 제 의도대로 안 되어서 스트레스 받는 것도 조금은 있는데 요새는 오히려 제가

이용하는 편 이구요.

이준 : 어? 이용당하고 있었어.

김용하 : 대충 주진 않는데. '거기서 살을 붙이겠지?'라는 뉘앙스를 한번 던져요.

전우석: 덕렬이는 대충 주는 스타일은 아니에요.

이준 : 그리고 또 어떤 부분은 확실하게 해 주길 원하는 부분도 있어요. 그런 부분은 협의를 많이 하죠. "여기 어때?" 덕렬이가 물어보죠.

김용하 : 각각 우리가 이 시간까지 오면서, 각자가 중심이 되는 작업들이 한번씩은 있었던 거 같아요.

재작년인가 양구 쪽에서 '목도소리'[4] 가지고 하는 작업이 있었어요. '목도소리'랑 '회다지소리'[5] 가지고 평창 올림픽 관련해서 무용수가 작품을 만드는 걸 제가 음악감독을 하면서, 저도 곡을 쓰고, 준이도 쓰고, 진욱이 형도 썼는데, 진욱이 형은 작곡을 처음으로 한 작품이었어요. 한 파트 씩 들어갔는데, 분업을 해서 각자 한 테마씩 곡을 썼어요.

왜 이 말을 하냐 하면, 팀 음악을 할 때에는 지금 저희가 많이 싸우기도 하고 어느 땐 내려 놔야 할 때도 있는 대처 방법들이 있어요.

준이는 보면 자기가 의도한 대로 소리가 나와야 되요. 대금이랑 피리랑 상상한 그 소리가 나올 때 까지 디렉팅을 계속해요. 녹음을 들어가면서까지도. 한 번 불고 나서, "어, 아니고. 이런 이런 느낌인데, 이렇게 다시 불어줄래?" 또 하고, "어, 아니고". 계속 가요. 왜냐하면 우린 악보만 본 상태에서 사실 시간이 많지 않기 때문에 곡을 이해 하기가 되게 쉽지 않았는데, 얘는 디렉팅한 이미지가 뚜렷하게 있었던 게 딱 보이더라구요.

진욱이 형 같은 경우에는 아직 경험이 많이 없었기 때문에, 여러 가지 변수에 대해서 형도 어려움이 있었는데 이 형은 항상 자기가 뭔가 바뀐 부분이 있으면

4　목도란 두 사람 이상이 짝이 되어, 무거운 물건이나 돌덩이를 얽어맨 밧줄에 몽둥이를 꿰어 어깨에 메고 나르는 일을 뜻한다. 목도소리란 목도할 때 내는 '영차!', '치기영'과 같은 소리를 뜻하는데, 이를 활용한 노래도 있다.

5　'회다지소리'란 관을 땅에 묻고 땅을 단단하게 다지면서 부르는 소리다. 죽은 사람이 좋은 곳에 가고, 산 자들이 잘 살기를 기원하는 축복의 가사를 담고 있다.

정리를 해 와야 되는 성격이에요. 즉흥적으로 확 못 바꾸더라구요. 뭔가 있으면 다시 가서 수정해 와야 하는 성격.

김진욱 : 준비성이 철저한 거지.

이준 : 그러게, 넌 형을 폄하 하냐(웃음).

김용하 : 아니, 성향을 이야기 하는 거야.

배정찬 : 형이 즉흥성이 없다고 얘기하는 거야.

김진욱 : 준비성이 철저한 거지, 미리 보내주는 그 준비성.

김용하 : 계전이도 독주회를 하면서 계전이만의 성격이 나오는 거 같아요. 얘는 속으로 자기가 생각하는 소리가 있는데, 그 소리가 안 나오면 속앓이를 엄청해요. 저게 아닌데, 뭔가 맘에 안 들고. 뭔가 더 원하는데, 말을 못 하고. 계속 어두워지고.

우석이는 준이랑 성향은 비슷은 한데 우석이는 제시를 안 해요. 악보라도 적어서 좀 주던가. 자기의 생각이 맞아 들어맞을 때까지 사람들을 괴롭혀요. 더 최악이야. 차라리 글이라도 세 줄 써 주면 되는데, 글도 안 써 줘요.

송현민 : 삐진 여자 친구네.

이준 : 맞아, 맞아.

김용하 : 얘는 30초 되는 분량을 거의 일주일을 했었던 거 같아요.

이준 : 그때 너무 힘들었어요.

배정찬 : 죽여 버리고 싶었어(웃음).

김용하 : 그러니까 불세출에서 뭔가 공동 작업을 할 때 성이 안 차는 거예요. 생각을 하고 얘기를 했으면 좋겠

는데, 이런 의견들이 부딪히니까. 안 변할 거 같긴 하더라고요.

이준 : 그 때 이 두 분을 괴롭혔던 이유는? 이 사람들은 그 소리를 낼 수 있는 사람들이거든요.

푸너리를 작곡을 할 때도, 정찬이한테는 여기는 이런 식으로만 해 주고. 그냥 뭉뚱그려서 얘기만 해 줬어요. 근데 그걸 하거든요. 한 번에 못 하더라도 두 번 정도 얘기하면 나와요. 이 사람들은 그런 사람들인데. 안 하는 거지, 할 수 있으면서.

"응, 안 되는데" 하면서 안 하는 거죠. 그러니까 열이 받는 거죠. 계속 얘기를 하니까 결국 나중에 해 줄 거면서. 이해 못 하는 척 살살 약을 올리다가, 마지막에 해 줘.

김용하 : 아니야. 그 때 계전이가 나한테 와서 얼마나 힘들어 했는데. 무슨 말을 하는지 몰랐던 거야.

왜냐하면 넌 상상하면서 썼지만, 그걸 이해하기까지 시간이 걸리는데.

이준: 아니, 음표가 있고.

배정찬 : 계전이, 변론 해봐.

이준 : 그 부분에 대해서 아예 이해를 못 하는 게 아니야. 결국 해 줬어요, 두 사람이. 결국 이 사람들이 믿은 걸 잘 해 줬다는 걸 아름답게 얘기 하고 싶었는데(웃음).

배정찬 : 아름다워, 되게 아름다워.

송현민 : 덕렬씨가 얘기한 대로 다들 커뮤니케이션 치유 센터에 일주일 정도 가야 할 거 같네요. 이렇게 의사소통이 어려워서야.

박계전 : 비슷한 맥락인데, 저도 얘기하고 싶은 게요. 여기 와서 악기를 잡는 게 제가 편한 게, 여기는 틀린 게 없어요. 내가 하는 게, 악보를 줘도 내 역량껏 내 최선을 다 해서 내 색깔을 입히는 게 중요한 것이거든요. 크레셴도[6], 디크레셴도[7], 음정 맞추고, 이것도 중요하지만

---

6 음악에서 셈여림표 또는 셈여림말로, 일부분 또는 특정한 음에 붙여서 음의 세기와 그 변화를 지시하는 것을 말한다. 크레셴도란 '점점 세게, 점점 크게'라는 뜻이다.

7 '음을 점차 작게 하다'는 뜻이다.

그것보다 자기 색깔을 입히는 게 중요하니까. 그래서 전 여기 오면 굉장히 편하거든요. 저한테 맞나 봐요.

독주회 할 때, 여기 있는 세 명(박제헌·배정찬·최덕렬)이랑 했는데. 저도 악보를 제대로 못 그려줬어요.

최덕렬 : 심했어.

박계전 : 음원을 컴퓨터로 찍어서 음원을 들려줬어요. 글로 쓴 거 보단 낫죠, 음원을 들려줬으니까. 사실 음원을 준비하는 과정이 힘들었어요. 그래도 믿은 만큼 던져주고 설명을 해 주고, 어떻게든 가면 제가 생각한 만큼 나와요. 물론 그 과정이 힘들죠.

전우석 : 우리는 그런 거 같아요. 각자 의지가 강한데, 서로에게 의지 하는 면도 많아요

박계전 : 겉으로는 세지만 안으로는 약한거지.

송현민 : 진욱씨가 여기 최고 연장자죠. 앞에서 공격 받기도 했고, 공격 하려다가 좌절되기도 했는데요.

박제헌 : 형 진짜 공격 못 해.

송현민 : 여성 팬을 제일 많이 거느린 단원 아닌가?

배정찬 : 진욱이 형. 제헌, 준이 이렇게 많죠, 여성팬은.

송현민 : 어떻게 보면 동생들이기도 하고 후배들이기도 하고, 동료들이기도 한데요 지금까지 나온 얘기를 바탕으로 못 한 이야기를 정리해 주시기 부탁드려요.

김진욱 : 이제 10년이 지났잖아요. 처음에는 뭔가 선후배라는 개념보단 형, 동생이란 개념이 되게 진했어요. 서로 녹아야 하는데 못 녹아드는 느낌이 있었어요. 제가 생각하는 제 음악은 되게 빠릿빠릿하지 않다고 생각해요. 저는 음악성이 그렇게 좋다고 생각하지도 않고, 붙잡고 늘어져야 하는 성격인데, 이 친구들은 음악성이 너무 좋으니까 제가 못 쫓아가는 한계를 많이 보였거든요. 그래서 스트레스를 엄청 많이 받았어요. 계속 나름대로 공부를 하게 되고, 자꾸 공부를 뒤에서 하게 되고, 하다 보니까 쫓아가는데 음악성이 저보다 한참 위에 있는 친구들이라고 생각하는 경우가 많아요. 이제는 형이라는 개념보다는 음악적인 동료가 되고 좀 벽이 허물어진 느낌을 한 2~3년 전부터 좀 받고 있는 편이에요. 그 전까지는 이런 걸 떠나서 뭔가 식구이긴 한데 사촌 같은 느낌?

이준 : 뭐 서자? 이런 거?

박계전 : 아버지를 아버지라 부르지 못 하고.

이준 : 엄마가 달라.

김진욱 : 사촌 같은 거예요. 되게 친하지만 가족이 되지 못 할 거 같은 느낌. 근데 이제는 피를 나눈 거에 버금가는 친구들이라고 생각하고. 예전엔 용하가 얘기하는 것처럼 뭔가 착착 요구하지 못했어요. 뭔가 저도 약간 아파하는 성격이어서, 말을 세게 잘 못 하거든요.

　이렇게 얘기 했을 때 "내가 좀 준비성이 없어 보이지 않을까" 이렇게 제가 느끼는 거죠. 그러니까 "어, 알았어" 하고, 집에 가서 해 오고 해서 보내주고 갖고 오고. "어? 그래? 그럼, 좀 생각 좀 해 볼께" 저는 약간 그런 타입이거든요, 작업을 할 때도 그렇고.

　그래서 제가 의견을 바로 바로 내놓지 못해요. 성격이 느린 편이기 때문에 "내 생각에는 저것도 괜찮은 거 같고, 이것도 생각해 봐야겠는데?" 그러거든요. 이제는 좀 친구들 페이스에 맞출 수 있을 거 같은 제 자아 같은 걸 발견한 거고, 뭔가 공격을 받았을 때 방어할 수 있는 방패를 가진 느낌이 약간 들어요. 그래서 이번에 10주년 작업을 하게 된다고 했을 때, 뭔가 좀 많은 아이디어를 내 놓으면서 방어를 할 생각이거든요.

송현민 : 불세출은 만약에 단원이 갈려서 새 단원을 뽑는다면, 음악적인 순발력이야말로 영입 조건의 제1순위라고 볼 수 있나요?

김진욱 : 저희는 누가 죽지 않는다면, 저희는. 절대.

이준 : 저흰 안 갈려요(웃음).

김용하 : 가정이잖아. 주변에 있는 친구들 중에서 찾겠지만, 사실은 여기서 누가 없으면…

이준 : 영구 결번으로 놔둘 거야.

김용하 : 있는 곡들은 결원 시에 대타를 구하든, 어쨌거나 할 수 있어요. 하지만 결원 시 어떻게 보면, 앞으로 만들 곡들에 대해선 그 악기가 꼭 필요 하진 않을 거 같아요. 있는 사람들끼리 만들 거 같아요.

송현민 : 여긴 사람이 음악이 되는 그런 팀이군요.

이준 : 그래서 저희가 10년 갈 수 있는 거죠

김용하 : 심지어 2년 동안 준이 군대 갔을 때도 가야금 없이 했어요. 가야금 안 구했어요.

배정찬 : 전 불세출에 들어온 지 6년 되었나, 늦게 들어왔는데, 이 사람들이 한 명 빠지면 공연을 안 하는 거야. "그 곡을 못 하니까 그 공연하지 마!" 그래서 "객원을 써서라도 해서 불세출을 계속 알리고 나가고, 공연을 많이 해야지." 이래서 2~3년 전부터 객원도 쓰고, 이렇게 하게 된 거예요.

박계전 : 근데 객원 구하면서 결혼도 했잖아(웃음).

박계전 : 생각해 보니까 그러네(웃음).

이준 : 내가 2년 동안 군대 안 갔으면 결혼 못했어(웃음).

박제헌 : 현주를 한 번 객원으로 불렀지.

이준 : 내가 군대를 가고, 덕렬이가 부르고.

박제헌 : 우석이도 노력 많이 했어. 밤 마다 같이 술 먹어 주고(웃음).

김용하 : 갑자기 내 결혼 얘기야. 팀 공연이었으면 대타

안 썼을 거예요. 우리가 다른 공연을 하면서 가야금이 필요해서 썼던 거고. 그 정도로 약간 외골수적인 부분이 있었어요.

전우석 : 우리가 객원을 부르기도 쉽지 않았던 게, 우리는 연주할 때 정확한 악보가 없어요. 와서 듣고 따야 해요. 그나마 객원을 쓰게 된 게, 최근에 같이 작업했던 후배들이, 그 친구들이 곧잘 해요. 저희랑 성향도 비슷하고 해 가지고.

박제헌 : 페이가 그 때 당시에는 너무 낮았어요. 지금은 객원을 불러도 조금 안 민망할 정도 줄 수 있는데, 객원을 부르면 우리 페이를 빼서 줘야 할 정도로 낮아서 부를 수가 없었어요.

전우석 : 노력은 노력대로 하고, 돈은 제대로 못 받고 하니까 저희 입장에서도 쉽게 못 불렀어요.

■ 단원들의 수입

배정찬 : 난 미지가 시켜서, 광대 공연 못 가고 불세출 가고 그랬잖아. 광대 가면 돈 버는데.

김용하 : 네가 힘들다고 안 갔잖아. 가면 몸 써야 하니까.

송현민 : 누가 불세출 중에 수입이 가장 많나요?

김진욱 : 제 수입, 저도 몰라요. 서로 모르구요.

김용하 : 직장인들이 젤 많이 벌겠죠. 잘 버는 사람은 잘 벌겠지, 못 버는 사람이 문제지.

배정찬 : 많이 버는 달은 내가 젤 세겠지. 근데, 1~3월은 거의 죽어 가니까.

송현민 : 지금 불세출은 일단 전혀 수입구조가 아닌 앙상블이죠?

박제헌 : 그래도 괜찮아요, 나름.

김진욱 : 제가 보니까 ,우리가 작년인가 재작년에 1년에 약 천만 원에서 천이백만 원정도. 인당 1년에 공금 떼고.

배정찬 : 월 백 정도.

박제헌 : 연수익 1억 짜리에요, 여덟 명이. 아니 9명이(웃음).

배정찬 : 확실히 불세출이 페이도 지급이 되고, 운영이 잘 되는 이유는 총무 제헌이가 아주 살림을 잘 하기 때문이에요.

이준 : 저희가 나이가 먹으면서 좀 달라진 거 같은데, 지금 객원을 그 전에 안 쓰고 공연을 안 했다 이런 거에 대해서 쓱 지나가 버린 감이 없지 않아 있는데, 다른 사람이 오면 우리 음악을 같이 하면 안 되는 거 아니냐는 의견들이 좀 많이 있었어요. "그럴 거면 안 한다". 애초에 음악을 더 중요하게 생각했지. 이걸로 뭘 벌어야겠단 의견도 당연히 있었겠지만 그런 거 보단 음악에 대한 순수한 마음이 더 컸었던 거 같아요. 근데 서른 살 지나고 나서, 약간 때가 묻고 하면서, "그냥 하지 뭐", 그런 부분이, 완고했던 부분이 좀 풀어지는 경향이 생겼죠.

박제헌 : 때가 묻었다고?

이준 : 완고했던 부분이 풀어졌다고 얘기했잖아.

배정찬 : 제가 용하랑 20년이 넘은 친군데, 얘기를 많이 했어요. "불세출이 내 맘대로 안 된다". 근데 용하가 타고난 운명이, 돈이 되는 일을 안 갖고 오는 타고난 운명이 있어요.

박제헌 : 뜻이 좋지.

배정찬 : 용하랑 술을 마시면서, "용하야, 돈이 되는 일을 만들어라. 그럼 열심히 안 하던 사람도 무조건 열심히 하게 되어 있다", 불세출에 대해서.

김진욱 : 쪼면 안 돼.

이준 : 근데 난 불세출은 이대로 가는 게 좋은 거 같아. 불세출은 이렇게 가고 있기 때문에 다른 데서 돈을 구하는 작업을 할 수 있잖아요. 예전에는 다른 데서 돈을 벌 구녕이 없으니까 되게 힘들었는데. 다른 데서도 벌기 시작하면서 더 순수한 마음으로 음악만 생각할 수

있는, 집중할 수 있게 되어서 되게 좋은 거 같아요.

배정찬 : 너 요즘 괜찮은가 보다.

이준 : 좀 법니다.

송현민 : 저도 현장을 다니면서 보면, 국악계가 참 독특한 게 애초부터 돈이 안 되는 음악들을 하니까, 그 어떤, 인디보다도 순수성이 되게 강한 거 같아요. 그러다 보니 단원들, 혹은 연주자들이 때로는 바보처럼 보이는 그런 분야처럼 보이기도 하고요.

박제헌 : 인디랑 연극이 더 바보처럼 보이지 않나?

최덕렬 : 연극은 좀 심한데. 연극은 판이 또 위 단계가 있어. 영화배우가 될 수 있잖아.

배정찬 : 팍 뜰 수 있는 게 있는 거지, 우린 없는데.

송현민 : 인디만 해도 독립성을 추구하기보다는 하나의 거쳐 가는 과정? 이렇게 생각하는 경우가 있는데, 여기는 몇 십 년 동안 전혀 수익구조가 안 나는 판이다 보니까. 그래서 팀이 해체 되면 인디는 100퍼센트 돈인 경우가 많아요. 어떤 소속사와의 문제, 그나마 아주 궁핍

한 영세한 소속사와의 문제인데, 국악 쪽은 팀이 해체 된다고 해서 인터뷰나 이야기 해 보면 정말 완전 인간 적인 문제에요. 설령 40대에 앙상블이 팀이 해체가 되 어도, 이 사람들은 10대나 20대 때의 고민 같은 그런 고 민으로 해체가 되더라고요. 저도 인터뷰 다니면서 조금 놀란 지점들이 그겁니다.

여기에서 잠깐 접구요. 2부에는 불세출의 만남부 터 여기까지 오기까지의 과정을 들어 볼께요.

2부

■ 불세출의 결성 동기

송현민 : 10주년이다 보니까 지나온 시간을 담아야 되니 까, 뻔한 질문입니다. 어떻게 해서 결성하게 되었는지? 10 년 해 보니까, "그 때 거절 할 걸 그랬네, 젠장." 뭐 그런 거.

전우석 : 전 해 보니까, 반대로 이렇게 팀 활동을 해서 정말 다행이라는 생각이 많이 들어요. 많은 후배들한 테, 거문고를 하는 많은 후배들한테, 어렸을 때 한번이

라도 팀 활동을 해 보길 적극 추천해요. 왜냐 하면 다른 예술가를 만나게 되면서, 오로지 내 것만 하는 게 아니 라, 영감을 받을 부분들이 되게 많거든요.

예를 들어 내가 거문고로 곡을 써야 하는데, 아이 디어가 떠오르지가 않아요. 그런데 친구들이 거문고에 대해서 가지는 이미지가 있단 말이에요. "이렇게 이렇 게 하면 되잖아." "어? 그렇게 간단한 방법이?" 하는 아 이디어를 얻을 때도 많거든요.

약간 그런 부분에 있어서도 그렇고, 나중에 음악 으로 먹고 사는 문제에 대해서도 많이 생각해 보면 이 렇게 친구들이 많다는 게 어디 가서 쓰임이 될 수도 있 는 거고, 여러 면에서 장점이 많아요. 국악이 음악으로 먹고 사는 게, 악단에 들어가지 않는 이상 아니면 솔리 스트로 엄청 대량으로 활동하지 않는 이상 돈을 받을 수 있는 그런 것들이 없잖아요. "팀 활동은 10년 해 보 니까 정말 좋더라."

송현민 : 다들 학교가 한예종[8]이죠.? 학번들은 04~06학 번이고요?

배정찬 : 동기들 중에 "남자들끼리 악기가 하나씩 있구

---

8 한국예술종합학교를 뜻한다. 줄여서 부를 때는 '한예종'이라 하는 경우가 많다. 한국예술종합학교는 1993년 (서양)음악원으로 개교했고, 전통예술원은 1998년에 개원했다. 전통예술원 내에는 음악과, 창작과, 무용과, 연희과, 한국예술학과가 있다.

나"해서 시작 되었다고 들었구요. 저는 객원으로 활동하다가, 저는 용하랑 초등학교 때부터 친구고, 같이 사물놀이 했었고, 객원으로 하다가 전주세계소리축제 프론티어 대회 때 객원 장구로 참여하게 되었는데요. "1등하면 천만 원인데 얼마 줄 거냐?" 했더니, 100만 원 준대요, 용하가. "어, 알았다." 근데, 1등을 해 버렸네? 그때, 용하가 술을 한잔 마시면서 "우리가 앞으로 앨범도 내고, 활동도 열심히 하고, 창작 국악 그룹으로 갈 건데, 네가 같이 하면 좋겠다." 그러길래, "그럼 용하야, 같이 하자." 그랬는데, 100만 원은 안 주고, 박제헌 10만 원 주고.

박제헌 : 30만 원은 줬을 거야.

송현민 : 정찬씨 이야기는 빼야겠다.

배정찬 : 그래서 지금 후회 합니다 ! 계속 객원으로 있었어야 되는데(웃음).

김용하 : 시작은, 몇 번은 들으셨겠지만, 남학생들 발표회를 시작하면서 인데, 남학생 발표회 이름이 「불세출」이라는 이름으로 올라왔었고요.

송현민 : 남학생 발표회를 어디서 했어요?

김용하 : 학교에서요. 학교 1~2학년 때는 세팅[9]을 많이 하니까, 1학년 때부터 4학년 졸업하시는 분들 세팅을 했는데 좀 많이 힘들었죠. 블랙박스에서 하는 경우여서, 조명에서 무대까지 제작을 다 해야 했어요.

송현민 : 중정에서.

김용하 : 거기 블랙박스에서요. 근데 무슨 바람이 들었는지, 4학년 졸업생들이 엄청 욕심을 내고 공연을 만들었어요. 그 때, 안은경[10] 누나는 지금 연주를 계속하고 있는, 잘하시는 분이었는데, 산조를 하나 하더라도 연주

---

9 여기서 '세팅'이란 무대 준비를 뜻한다. 연주자가 바뀌거나 무대 순서가 바뀔 때마다 그 무대에 필요한 악기, 의자, 보면대 등이 있다. 이것을 준비하는 데에 대부분 남학생들이 스태프로 활동한다. '세팅'이란 공연예술을 전공하는 대학과 학과에서 용어처럼 자연스럽게 사용한다.

10 피리·태평소 주자로 국립국악고등학교와 한국예술종합학교 전통예술원을 졸업했다. 제18회 동아 콩쿨 일반부 은상을 수상(2002)했다. 현재 국립국악원 창작악단 단원으로 재직 중이다.

만 하는 게 아니고, 연극을 같이 하면서, 극을 넣던가.

송현민 : 연극원 옆에 있어서, 그 때 많이 그랬었죠.

김용하 : 해금의 누나 또 누구지? 유찬숙[11] 누나, 그 누나 같은 경우에는 아예 자기가 직접 시나리오를 써서 했어요

이준 : 그 때, 진짜 힘들었어.

김용하 : 그런 식으로 뭔가 바람이 들어서, 그들이 멋있는 무대를 만들었어요. 우리는 힘들었죠.

이준 : 약간 전문적인 무대 스텝이 된 기분이었어요.

송현민 : 남학생들은 못질하고.

최덕렬 : 한 달 동안 목장갑을 들고 다녔어요.

이준 : 타카 작업하고.

김용하 : 조명, 세팅 등이 옆에 다 있으니까, 영상이랑.

연극하는 분들이 같은 건물에 있으니까. 그들도 친했었어요. 친구한테 부탁해서 연출 들어오고, 조명 들어오고, 무대 디자인 들어오고 하는데, 우리가 일을 하니까, 우리가 나중에는 "저기 라이트 15도짜리 갖고 와 주구요." 이런 걸 알아 듣기 시작한 거예요. 하여튼 그래서, 무대를 계속 만들었어요. 그리고 힘들지만, 매일 일하고 뒷풀이 하면서 술을 먹고 이야기하잖아요. 우리도 한 번 저렇게 무대를 한 번 해 보자라는 얘기를 했었던 거 같아요. 그 때 열정이 되게 불타 올라서.

송현민 : 이 단원들이 그때 모두 있었나 봐요.

김용하 : 그 때는 동기들끼리만 했어요. 왜냐하면 진욱이 형은 우리보다 위니까, 같이 세팅을 할 일이 없었고, 덕렬이는 늦게 들어오고 해서 1, 2학년 때 세팅을 같이 못 했죠. 저희가 심지어 2학년 때까지도 세팅을 했어요. 세팅을 잘 해서요.

이준 : 저는 연극 무대 감독 제의까지 들어왔었어요. 잘 하는 게 아니라 많이 하다 보니까. 국악 연출 하는 분들이.

---

11 국악방송(99.1)에서 〈은영선의 창호에 드린 햇살〉 등 다양한 프로그램의 작가로 활동하고 있다.

송현민 : "너 좀 감각있다", 그러면서?

이준 : "너가 편하다. 너가 편하니까, 너가 와서 할래?" 그런데, 그건 아닌 거 같다고 했어요.

김용하 : 그렇게 해서 2학년때까지 세팅 일을 겁나게 하고, 3학년 때 "우리도 공연을 한번 하자!" 이렇게 된 거죠. 04학번에 가야금, 거문고, 대금, 피리, 해금, 아쟁까지 해서 남자들이 다 한 명씩 있었거든요.

박제헌 : 아쟁만 둘이었어요.

이준 : 한 명이 그때 때마침 군대를 가서.

김용하 : 제헌이가 하게 되었고, 보통은 가야금, 해금에서 남자가 없는 게 허다하니까.

이준 : 그런 인연이 불세출처럼 드문 인연이다, 그렇게 해 가지고 「불세출」이라 이름을 붙였죠.

김용하 : 「불세출」이란 이름으로 공연을 한 거예요. 팀이 아니라, 04학번 남학생 발표회인데, 공연 타이틀이 「불세출」이었고, 그건 1회성으로 끝나는 거였죠. "우리 이렇게 남자들이 열심히 음악했고, 우리도 잘 하니까

인정해 주세요", 그런 느낌으로 했어요. 그래서 한 달 반, 두 달 정도 학교에서 연습을 계속 했어요.

송현민 : 그 때 단원이 정확하게 누구에요?

김용하 : 계전이랑, 정찬이랑 진욱이 형 빼고, 덕렬이도 빼고 넷이요. 준이, 제헌이, 저, 우석이요.

송현민 : 여기서 누가 제외된 거죠? 덕렬씨랑, 정찬씨, 진욱씨, 계전씨가 없었군요.

전우석 : 딱 반이네.

송현민 : 반으로 시작했네요. 현재의 여덟 명 중에서요.

배정찬 : 다른 단원이 있었어요. 피리도 종무라는 친구가, 대금도 안수만이라는 친구가 있었어요.

전우석 : 덕렬이랑, 정찬이는 원래 공석이었구요.

김용하 : 동기에 타악이 없었어요. 그래서 제가 장구를 쳤죠. 학교 다닐 때, 해금으로 들어가서 장구 친 공연이 더 많았어요.

이준 : 그 당시, 타악을 쳐야 해야 하는 경우에는 배런 선배님이랑, 남상일[12] 선배님이 와서 타악을 도와 주셨어요. 선배님들이 공연을 보러 많이 오셨던 분들이 너희 '불세' 애들, 이런 식으로 농담조로 말하게 되면서.

송현민 : '불세' 라고 했구나. 나 같으면 '세출'이라고 했을 텐데.

■ 결성과 첫 활동으로서의
21C 한국음악프로젝트

이준 : 그런 식으로 하면서 저희를 오부리 데리고 가고 그랬어요. 그러면서 간간히 했었죠. 하다가 한국음악프로젝트를 할 때.

송현민 : 그 때 몇 년 이었죠?

이준 : 2007년이어요. 그 전엔 저희는 1회성 공연으로 끝나는 모임이었는데, 그 때 너무 힘들어서 다신 하지 말자 그랬었는데 그 때 KBS의 김은정[13] 피디님이 상일이 형 통해서 저희한테 연락을 했어요. 상일이 형한테 괜찮은 남자애들 없냐 라고 그 피디님이 물어봤는데, "저희 학교에 불세출이라는 애들이 있는데요." 하면서 저희가 한국음악프로젝트에 나가게 됐죠. 그 때 당시에 이미 종무는 국악원에 확정이 되어 있었는데 여하튼 "우리가 나가 보자" 이렇게 이야기가 되면서, 그 때 진욱이 형과 계전이를 공석인 악기로 섭외를 하고, 덕렬이를 작곡자로 영입해서 풍류도시를 만들게 되었죠.

김용하 : 저희를 뭔가로 만들고 싶어서 작곡가도 연결해 주셨고, 21C에 대해서도 정보를 주신 거죠. 그래서 저희가 공고 확인하고 그렇게 진행을 했던 건데, 상일이 형도 되게 감사하고요. 그런 상황에서 21C가 약간 뭐라고 해야 하나, 자의적이라기 보다는, "누가 이거 해 보래, 나가 볼까?" 했었던 거 같아요.

송현민 : 또 기억나는 단편적인 기억 있어요? 에피소드

---

12 한국예술종합학교에서 판소리를 전공했으며, 국립창극단 단원을 거쳐 현재 민속악회 수리의 대표를 맡고 있다. '얼쑤! 한국어 쇼', '국악락락', 'K-SORI 악동', '국악한마당' 등의 진행자로도 활동했다.

13 KBS 1FM(93.1)에서 '동창이 밝았느냐', 'FM풍류마을', '흥겨운 한마당', '국악의 향연' 등을 연출했다.

라든지.

김용하 : 덕렬이도 사실 그 전에 제가 윤문숙[14] 선생님 합숙을 가서, 윤 선생님이 토속 민요를 가지고 작업을 하시다 보니까, 최상일[15] 피디님, 덕렬이 아버님을 알게 되었죠 그러면서 일본 연수를 가게 되었는데, 덕렬이랑.

최덕렬 : 전 그 때 음악을 안 하고 있을 때고, 일본에 말 그대로 그냥 놀러 갔어요. 술 먹으면서 얘기를 하는데, 아시다피시 한국예술학과가 굉장히 고루하고 재미가 없잖아요. 완전 거기에 질려 있었어요. 근데 용하랑 막 얘기 하다 보니까 "네가 작곡을 해 봐", 얘가 던진 거죠. 제가 그 말을 새겨 듣고, 그렇게 됐어요. 어떻게 보면 음악을 하게 만들어준 사람이죠.

이준 : 역시 리더(웃음)!

전우석 : 보은을 했구나(웃음).

배정찬 : 양복 하나 해 줘(웃음).

송현민 : 양복도 해 줘도 안 입을 인간들이 서로 해 주라고(웃음).

■ 남달랐던 학창시절과 교내 분위기

김용하 : 아직도 생각 나요. 그 호텔에서 술 먹은 거 되게 기억나요.

최덕렬 : 맥주 자판기 앞에서 밤새도록 마셨어요.

김용하 : 밖에 눈이 쌓인 아키타에서 맥주 먹으면서, 서로가 1학년이고 열정이 불타오르니까, 음악이 이래야 하는데, 창작된 어떤 국악에 대해서 굉장히 비관적이었어요. 얘도 기타를 친다고 하고, 아버님도 워낙 음악에 대해서 박식하시니까 결국엔 작곡 공부를 다시 하고 들어왔고, 전 어쨌든 1순위 였죠. 뭔가 작업을 한다면 덕

---

14   국립국악원 정악단 지도단원으로 활동 중이다. 해금과 함께 소리 공부를 지속적으로 해 왔다. 소리는 홍원기, 이양교, 황규남, 김호성을 사사했다.

15   1981년 MBC라디오에 입사 후, '한국민요대전'과 '우리의 소리를 찾아서'를 맡아왔다. 2015년에 퇴임했다.

렬이 곡으로 해야 겠다는 생각이 있었는데, 두 해 밑으로 들어오니까 얘가 곡을 쓰고 발표하는 자리에서는 제가 못했어요. 다른 실기 실습할 때에는 다른 친구들이 했었고, 그러면서 21C 들어가게 되면서 덕렬이 얘기가 나왔는데, 이미 다른 친구들도 알고 있었고 "곡이 좋다더라" 이런 얘기가 있었기 때문에.

전우석 : 이 얘기 들으니 생각난다. 예전에 거문고 창작곡 하면 그 때 당시에는 정대석 선생님 그런 풍의 창작곡들만 많았었어요 그런데 연습실 앞을 지나 가는데 분명히 창작곡인데, 뭔가 되게 신선한 거에요, 느낌이. 둘러 보니까 이 친구가 작곡해서 발표하려고 준비하고 있던 곡이더라구요. 들어가서 너무 재밌어서 얘기하고.

최덕렬 : 물어보지도 않았는데 들어와서 지도를 하더라구요.

전우석 : 지도 한 건 아니고. 그게 아니라 곡이 너무 좋아서, 나도 모르게.

김용하 : 그런 문화가 예종에 있었어요. 선배들이 들어와서 "한 번 타 봐" 그리고 무슨 말 해 주시구.

이준 : 엄청 많이 늘어요, 그러면.

박계전 : 연습 하는 게 스트레스 였어요, 전.

전우석 : 전 그게 좋았어요

배정찬 : 저도 그래서 황민왕 선배한테 많이 배웠어요.

송현민 : 요샌 안 그래요?

전우석 : 요즘에는 후배가 자리맡아 놓고, 밥 먹고 온 거라고, 나갔다 온 거라고, 우리보고 나가라고 그러더라구요(웃음).

송현민 : 나가 드려야지(웃음).

김용하 : 전 실은 외골수라서 연습실에 없는 애는 양아치라는 생각이 있었어요. "저 새끼는 놀러 다니는 새끼, 열심히 안 하는 새끼" 이랬어요(웃음).

배정찬 : 박제헌, 쓰레기 박제헌(웃음)!

김용하 : 저도 진욱이 형 얘기 한 것처럼 학습을 하는 시간이 오래 걸리는 편이어서, 누구보다 오래 시간을 할애해야 되고, 누구보다 열심히 하는 걸 인정받고 싶어서 티를 내고 다녔어요. 그래서 학교 앞에 자취도 했고

연습실에서 가장 늦게 나가려고 노력했어요. 일찍은 못 나가는데, 일찍은 자신이 없어서 새벽 4~5시까지 있다가 사람들 나가는 소리 다 듣고 나가는 게 제 쾌락 중의 하나였는데, 그 시간까지 연습실에 있었던 친구들이었던 거에요, 이 친구들이.

아쟁은 어쩔 수 없이 일찍 귀가 했는데, 아쟁이 필요했으니까 부탁을 했던 거구요. 나중에 들어보니 나 같은 애가 싫어서 또 일찍 간 것도 있더라구요.

박제헌 : "지가 뭔데? 지 음악이나 할 것이지. 내가 연습을 하든 말든 뭔 상관이야" 그랬죠.

김용하 : 그 때 연습실 분위기 자체가 같이 서로 밤 새고, 수다도 떨고, 선배들 막 들어와서 얘기도 하면서 또 그 선배랑 음악 이야기도 하고, 그럴 수 있었던 분위기여서 아마 그 때 진행이 되지 않았었나 싶어요.

송현민 : 예종이 뜨거울 때가 있었죠. 건물 새로 이사 가기 전, 콘테이너에서.

김용하 : 그때 되게 뜨거웠어요.

전우석 : 그 문화가 좋았어.

김용하 : 콘테이너가 진짜 좋았어.

전우석 : 그 수 많은 시기와 질투와, 누가 잘 해도 의식하고, 가서 약간 공격적으로 물어보기도 하고.

배정찬 : 음악과는 각각 떨어져 있다고 하면, 우리 연희과 같은 경우는 네 개가 팍 같이 있으니까 다 같이 모여서 완전 가족이었지.

전우석 : 연희과도 바로 밑이니까 연습만 하면 와가각각 와가각 다 들렸었어요.

이준 : 나가보면 형들이 베드민턴 치고 있고, "준이 왔나". 저는 형들 이름을 모르는데 형들이 이름을 모두 기억하면서 얘기해 주니까, 음악하는 애들은 약간 샐쭉한 느낌이 있는데 형들이 "일루와, 일루와" 하니까 그것도 되게 좋았구요.

배정찬 : 그 땐 아름다웠지.

김용하 : 배정찬 막 삭발식하고. 얘. 운동권이야, 얘 운동권 출신이야.

배정찬 : 학년대표가 하는 건데, 범태형 굿 하러 가서 내

가 대신 (했죠).

김용하 : 21C 한국음악프로젝트 하면서 많이 나왔죠.

전우석 : 그 때 21C 땜에 확립이 되었죠. 원래 가지고 있던 학풍이 바뀌는 거 같아요.

이준 : 학생들도 달라진 거 같고, 애들이 연습하는 양이나 태도나.

전우석 : 근데 오히려 수준은 많이 올랐어. 그런데 저희 때 보다 창작을 해 나가는 건 도태된 거 같아요.

김용하 : 그렇지, 모여서 잠도 같이 자고 목욕탕도 가고, 이런 느낌처럼 해야 되는데, 그게 아니라 스케줄 딱딱 맞춰서 악보대로 해야 하니까.

이준 : 전부가 아니다 뿐이지, 계속 나오고는 있어. 정가 앙상블 소울지기도 우리 학교 출신들 되게 많은데, 얘 네 음악 엄청 좋단 말이야.

송현민 : 근데 문제가, 예종이 멈췄잖아요. 공백이 생기고 있어요

박제헌 : 좋아요.

최덕렬 : 그렇게 볼 수도 있겠네요.

배정찬 : 국악계의 미래로 봐선 그런데, 우리의 미래로 봐선 밑에서 치고 올라오는 애들이 없으니까 아주 즐거워. 장구를 다들 드럽게 못 쳐(웃음).

박제헌 : 나도 괜찮아, 치고 올라오는 애들이 없어(웃음).

전우석 : 이거 다 녹음되는 거, 잊지마(웃음).

송현민 : 배정찬 부분 다 팔 거야, 걱정마요(웃음).

김용하 : 저희는 그렇게 만들어 졌습니다.

배정찬 : 예종은 정말 큰일이야.

전우석 : 그 때는 그래도 그런 로망이 좋았어요. 음악으로 우린 먹고 살 거야, 그런 로망이 있어 가지고 각자가 창작하고 이랬는데, 지금은 오로지 직장, 직장. 직장에서 잘 해야 될 것, 그것만 파고 들어가니까.

■ 기악 중심 앙상블의 단원으로 직장 잡기

배정찬 : 시험 안 볼 거야?[16]

전우석 : 시험은 보는데.

배정찬 : "난 멋있게, 보지 않겠어. 직장 따윈 가지 않겠어!"라고 해야지.

전우석 : 시기라는 게 있는데.

송현민 : 이번에 다들 봐요?

배정찬 : 준이, 우석이, 용하 셋이 봐요. .

김용하 : 그때 당시에 직장인들이 진짜 싫었어요. 관현악단 다니는 사람들.

박제헌 : 피해 준 것도 없는데.

김용하 : 그 때, 대학교 1학년 때 말 하는 거야.

송현민 : 뭔가 답답해 보이는 거.

김용하 : 음악적으로 도태되고, 되게 멍청한 얘기처럼 들리는 게 "우리 10시에 출근해서 12시에 퇴근해" 자랑처럼 얘기하는데, 그래 프로라서 그럴 수도 있어. 프로니까, 연습 안 해도 되겠지. 근데 가서 들어 보면 퀄러티가 안 나오니까, "아, 사람이 저렇게 되는구나" 그런 생각 하면서, 저는 1~2학년 때 그런 사람들을 무조건 욕을 했고 선배여도 대들었어요. "그건 좋은 게 아니죠, 그건 멍청한 짓이죠"라고 얘기하고.

---

16   이 좌담회를 진행할 무렵에 이준, 전우석, 김용하는 국립국악원 정악단과 창작악단 입단 시험을 준비 중이었다.

송현민 : 세 명 들어가서 세 명이 꼰대가 되면 되겠네요.

전우석 : 저희는 이런 활동을 경험했기 때문에 꼰대가 되지 않겠죠, 들어가더라도.

송현민 : 그런 사람들이 젤 강도가 높더라.

박제헌 : 나도 하고 있어.

이준 : 악단에 있는 제헌이도 하고 있고. "이 세상은 비정상적이면서도 정상적으로 잘 돌아가고 있구나", 생각하고 있어요. 나나 잘 해야지.

송현민 : 저는 개인적으로, 진짜 이 팀의 생명은 다들 악단에 들어가서 더 이상 이 팀을 할 필요가 없을 때에 그때도 이 팀이 이어진다면, 이 팀은 정말 진실된 팀인 거 같아요. 만약에 그 때 다 들어갔는데 이제 우리 먹고 살 만 하고, 안 해도 되겠다 싶어서 해체되면 오늘의 좌담회는 역사 속의 한 페이지로 남겠죠.

김용하 : 맞아요. 그 상상 하고 있어요, 서로가.

배정찬 : 돈 벌 일 하고, 하고 싶은 음악은 불세출에 와서 한다.

송현민 : 그렇죠. 삶은 이렇게 살아도, 뭔가 음악은 저렇게 한다.

■ **돈벌이와 나만의 음악하기. 그 사이에서**

이준 : 지금 그렇게 살아 가고 있는 중인 거 같아요, 사람마다 약간 차이는 있어도.

김용하 : 저희가 그렇게만 되고, 말씀 하신 거처럼 불세출이라는 음악이 계속 뭔가 하나씩 나오면서, 맥을 짚을 수 있는 그리고 존재 가치를 인정해 줄 수 있는 팀이 된다면 성공한 거죠. 대중적으로 인기를 얻는 걸 떠나서. 그런 게 꿈이에요, 살아 보니까 그렇고.

전우석 : 「불세출」이라는 시작 자체가 단순히 돈벌이로만 생각을 했고, "이걸로 먹고 살아야겠다"라고 생각을 했다면 그게 되지 않았을 수도 있겠죠.

김용하 : 난 했었어.

전우석 : 그것도 당연히 있지만, 그거 보다 1순위는 해소 공간이었으니까.

김용하 : 난 아니었어, 다들 알겠지만. 난 그거 땜에 스트레스를 너무 받았고, 그것 땜에 대표를 안 하겠다고 여러 번 이야기를 했었고.

이준 : 나도 되게 중요했을 때도 있었어. 나도 용하처럼.

전우석 : 너의 그 마음도 여기가 결국은 해소 공간이었던 거야.

김용하 : 난 이거 밖에 안 했지, 실은.

전우석 : 어쨌든 너가 악단을 들어가서도 돈을 벌 수 있고, 단순히 돈 때문이었다면 편의점 알바를 해서라도 돈을 벌 수 있는 거 였는데.

배정찬 : 아니, 그게 아니고 불세출이 돈이 되고 싶은 집단으로 만들고 싶었던 거지.

김용하 : 그렇지. 우리가 창단이 되고. 우리가 북촌 페스티벌 하면서 앨범이 나왔잖아. 그거 하게 되면서 활동이 많아졌고, 불러주는 데가 많아지면서 우리가 「불세출」이라는 이름으로 활동을 하기 시작하면서. 뭐 동시에 프로젝트 시나위[17]라든가, 여러 팀들이 있었고, 약간 경쟁 아닌 경쟁이 좀 있었잖아. 네가 잘 하니, 내가 잘 하니부터 말은 안 하지만 경쟁 심리가 있었던 거 같아서. 그들보다 더 잘 되고 싶었지. 중간에 프로젝트 시나위도 상주 단체 되고 그랬을 때 부러움도 있고, 저 사람들은 자기 음악 하면서 상주단체도 하면서, 우리가 쳐다도 못 볼 사람들이랑 콜라보 한다고 그러고. 그런데 우리는 도태되고 있다는 생각도 들고, 뭔가 밀린 느낌이 들고, 못 치고 나가고 있구나. 치고 나가려면 어떻게 해야 하지? 음악을 만들어야 하는데.

이런 스트레스 있잖아. 곡이 더 많이 나왔으면 좋겠는데, 뭔가 했으면 좋겠고. 이런 거에 대해서 대표로서는 고민이 많았어요. 왜냐하면, 나는 어차피 악단 들어갈 맘도 없었고 일단은 내가 하고 싶은 음악으로 돈

---

17   한국예술종합학교 전통예술원 졸업생들이 만든 창작그룹으로, 신현식(아쟁), 하세라(가야금), 이봉근(소리), 김지혜(타악), 정송희(건반·작곡)로 구성되었다. 2007년 '전통음악의 변형과 변용'이라는 워크숍 이후 전통음악의 다양한 장르(산조·장단·판소리 등)을 즉흥음악인 시나위로 풀어내는 데에 역점을 두고 있다. 현재 앙상블 시나위라는 이름으로 활동하고 있으며, 단원 교체 후 신현식이 리더로 이끌고 있다.

버는 게 꿈이었었고, 그게 불세출이었기 때문에. 내가 능력 있으면 곡을 막 쓰면서 했겠지만, 결과적으로 잘 되리란 보장도 없고. 또 곡 쓸 능력도 안 되었고. 이런 상황이 오면서, 사실은 지쳤었어요. 저 스스로. 6년 전인가, 스물 일곱 살 때 인가 "내가 서른 두 살 때 까지 열라 열심히 해 보게, 그런데 서른 두 살까지 내가 원하는 게 안 나오면, 난 불세출 안 할 거야." 라고 이야기를 했었어요. 그건 금전적인 것도 따라가는 이야기이고, 뭔가 음악적으로도 완성, 짙은 색깔을 원했던 같아요. 거기에서 제 입장에서 봤을 땐 너무 수동적인 측면도 있었고, 더 이랬으면 좋겠는데 더 해 줬으면 좋겠는데라는 측면이 저 혼자 괜히 감싸 가지고 되게 신경질적으로 얘기한 것도 되게 많고, "왜 난 이렇게 하는데 넌 그렇게 그만큼 안 해?" 이런 거였어요.

그것 땜에 제 스스로가 힘들었죠. 그러면서 정찬이도 들어오고, 다른 친구들 말을 안 들은 건 아니지만 뭔가 객관적으로 생각하게 해 줬던 거 같아요. 왜냐하면 제 3자 입장에서 나를 봤을 때로 이야기를 해줬거든요. 오래 된 친구기도 하지만, 사실 그 안에서 애랑 음악 얘기는 별로 한 적은 없었기 때문에.

그러면서 조금씩 포기는 아니고, "이거는 내가 신경만 써서 될 일이 아니구나. 욕심을 부릴 일이 아니구나"라고 생각하면서 하나씩 놨었던 거 같아요. "그건 네가 안 해도 돼. 그것까지 고민 안 해도 돼". 이런 부분들

을 얘기하면서 하나씩 놨어요. 곡이 만들어 지는 거, 공연 같은 것들. 그래서 아까 이야기로 돌긴 하는데 공연이 들어왔는데, 누가 안 되어서 안 되는 거에 대한 스트레스가 전 극심했어요. "왜 안 되지? 이게 먼전데. 나는 있는 스케줄도 다 빼고 이걸 하고 있는데, 얜 왜 안 된다고 그러지?" 이런 게 되게 심했어요.

송현민 : 그 때가 몇 살 이었어요??

김용하 : 그때가 한 여섯, 일곱이죠.

최덕렬 : 2010, 11년 이 때 젤 심했어요.

김용하 : 스물 여섯, 스물 일곱 살 때. 준이가 군대를 가는 것도, 어쩔 수 없이 가는 것도 굉장한 스트레스였어요. "그럼 우린 2년 동안 뭘 하지? 얘가 없으면 불세출 음악을 못 하는데, 우리 뭐 할 거야, 2년 동안?" 이게 컸고, 덕렬이랑 협의를 해서 '풍류도시'에 가야금 파트를 딴 악기가 하게 되는 거 까지. 내가 밀어 붙인 거야, 정말 하기 싫었는데. 거문고랑 아쟁이 나눠서 하는 걸로. 얘가 없어서 풍류 도시를 못 하는데, 공연은 해야 되겠고, 대타는 쓰기 싫고. 딴 악기가 해야 하는데, 덕렬이는 자기 의도한 악기가 아니니까, 소리도 이상하고 싫은 거야. 고치는데 시간도 걸렸고.

지금 보면 별 거 아닐 수 있는데, 그 때 당시에는 섭외에 대한 문제, 돈에 대한 문제, 아까 정찬이가 얘기한 돈이 되는 걸 물어와 하는데, 누가 4~5년 된 팀한테 돈이 되는 걸 줘.

이준 : 그런 생각들이, 원래 다들. 저도 암 것도 안 하고, 불세출만 해도 먹고 살 수 있는 거, 그게 꿈이었고, 직장 있는 사람들한테도 "우리가 돈 많이 벌면 너네 직장 나올 거야?" 우스개 소리로 많이 했었고.

김용하 : 그 때는 그 얘기를 굉장히 뼈 있게 했었고, 그거 땜에 직장인 친구들은 스트레스 굉장히 많이 받아했고.

■ 하고 싶은 음악, 녹록치 않은 현실,
그리고 지음(知音)

이준: 갈등이 엄청 컸었는데, 이제는 직장에 안 들어간 사람도 바쁘게 일을 하고, 그런 부분이 자연스럽게 변해 왔던 거 같아요. 돈을 불세출로 벌면서, 불세출만 해도 되는 삶을 살고 싶었지만, 그 앞에는 항상 음악이 젤 1번이었기 때문에, 돈이 앞서가는 상황을 경계했던 사람 중에 한 명이고, 그런 부분에 대해서 서로 간에 생각하는 부분이 조금씩 달랐죠. 이게 살아가는 방식이 좀

다른데 불세출을 사랑하는 건 같으니까, 그런 것에서 오해가 많이 생기고.

송현민 : 제가 이야기 했다시피 삶의 속도의 문제인 거 같아요. 누구는 결혼을 먼저 하고, 또 가정형편도 다들 다를 테고.

전우석 : 원래 용하도 꿈이 많이 앞서 있었어, 결혼 전에는. 그랬었는데.

김용하 : 지금도 바뀐 게 없어.

전우석 : 결혼을 하고 나서는, 현실적인 타협에 예전 보다 훨씬 많이 빨라졌어요. 그게 많이 보여, 어렸을 때 보다. 나쁘다는 게 아니고.

송현민 : 국악계의 지금 문제 중의 하나가 40대 초반이 되면 팀이 자연스럽게 해체가 되요. 40대가 되면 40대에 맞는 음악, 50대가 되면, 창작이지만 50대에 맞는 음악을 해야 하는데, 아직도 20~30대랑 같이 자기들을 수평선에 놓고. 물론 그분들에게 있어서는, 그건 젊음의 경쟁이기 때문에 할 말은 없지만 같이 늙어 가는 팬들이 없다는 거죠.

이준 : 음악가로서 외로운 거 같아요. 저희가 만약 계속 쭉 가면, 함께 할 동년배의 인물들이 있는 거 잖아요.

송현민 : 그렇죠.

이준 : 우리는 동료들과 같이 할 수 있는데, 만났다 헤어졌다 하면서 진짜 동료가 없다는 것은 외로운 것 같아요. 그것은 결국 음악적으로도 외로움이 되고 아무리 대단한 음악성을 가지고 있어도 나눌 사람이 없으면 얼마나 쓸쓸하겠어요? 그 외로움에 찌들어 아집으로 굳어지는 경우도 많구요. 동년배의 동료는 중요한 것 같아요. 그래서 늘 저희는 동료가 있다는 게 감사하고, 고맙게 생각하고 있거든요.

송현민 : 동료에 대한 힘을... 사실은 되게 긴장감이 높은 앙상블이에요, 불세출은.

자기 나이대가 비슷한, 왜 그러냐하면 선례가 너무 많아. 싸우면 누구 중재해 줄 사람이 없고 욕 하다가, 자기들끼리 딱 끝내. 지금은 이 사람들이 뭘 하나 하면 후배들하고 하거든요. 무슨 소리를 해도 얼굴 표정 하나 안 굳힐 후배랑 하는 거잖아요. 30대의 불세출을 기억해 줬던 팬들, 40대가 되면 40대의 불세출과 함께 나갈 팬들, 이렇게 좀 관객도 세대, 층으로 가야 하는데. 솔직히 전 그렇게 좋게 보고 싶진 않거든요.

이준 : 그렇게까지 해야 하나 싶죠.

송현민 : 며칠 전에 제가 썼던 글 제목이 「어른 구해요. 어른 삽니다」라는 제목이었어요. 어른이 없다는 거야, 이 바닥에는. 다들 너무 이제 젊음 콤플렉스에 걸려 가지고. 같이 늙어 가는 것, 나이 들어간다는 것에 대한 미학적인 의미 부여를 불세출이 할 수도 있구요. .

관현악단에 들어가도. 아까 제가 말씀 드렸던 것처럼 솔리스트 앙상블로서 악단을 대표하는 스타들이 모인다는 어떤 그런 앙상블로 활동을 해도 좋을 거 같아요. 진짜 그렇게 한다면 1년에 한 번 무대여도 괜찮을 거 같습니다.

김용하 : 그럼요, 1년에 한 번도 받은 일정일 거에요.

송현민 : 그게 유럽 같은 경우. 굉장히 멋있는 게, 뭐 독일의 오케스트라가 4~5개 있는데, A 오케스트라의 비올라 수석, B 오케스트라의 바이올린 수석, C 오케스트라의 플루트 수석 이렇게 해서 솔리스트 앙상블이라는 개념이 있는 거예요.

이준: 예전에 국립 국악원에서 '예악 연구회'라는 팀으로 국립국악원 정악단 수석 등 젤 잘 한다는 몇 분이 모여서 발표회를 계속 했었는데, 그 때 당시에는 굉장히

엄청난 모습이었는데, 그렇게도 볼 수도 있겠네요.

송현민 : 앞으로의 어떤 전략이라는 게 있다면요?

■ 정체성과 지속성이 중요하다

김용하 : 지속성, 그리고 음악이 나왔을 때 그만큼의 정체성이 보여져야 길게 가는 거 같구요.

이준 : 우리 불세출은 애초에 음악적 뿌리가 전통음악으로 시작되었고, 그것에 뿌리를 두고 밟아 올라 가는 거여서, 음악적 보톡스 이런 거에는 크게 상관없을 거 같다는 안심도 좀 드는데, 새로운 것에 대한 가치를 음악이라는 가치 보다 훨씬 앞에 두는 사람들이 꽤 많은 거 같아요. 우리는 음악이라는 가치가 우리가 해 왔던 어떤 뿌리에 있기 때문에.

배정찬 : 우린 전혀 아니지.

이준 : 풍류도시를 해도 우리가 나이를 먹으면서 시나위

라는 부분이 좀 더 지금은 옛날보단 노곤해진 감이 없잖아 있고, 다스름[18]이나 즉흥적인 부분이 계속 생명있게 움직이는 전통음악의 어떤 맥락이랑 함께 하고 있는 부분이 있어서, 앞으로 곡이 어떻게 나올지 모르겠지만, 전통음악에 대한 뿌리를 간과하지 않는다면, 불세출은 길게 생명력을 가질 수 있는 어떤 시작을 해 왔다고 생각해요.

송현민 : 어떤 시나위라든지. 지금 젊은 사람들이 음악에 대한 어떤 부분적 소스로만 활용하고 있는 민속악에 불세출은 나름 많이 할애를 하고 있잖아요. 이걸 해 오다가 다들 환갑이 되었을 때, 불세출 창단 몇 십 주년 해 가지고, 공연하면서 무대 인사말로 이런 말 하면 되죠.

"우리는 오늘의 시나위를 위해서 30~40년 동안 전통음악을 공부해 왔다" 하면 좀 그런 감회가 오지 않을까라는 생각이 드는데, 아무튼 그런 날이 오겠죠? 다들 일찍 요절할 천재기는 없잖아?

배정찬 : 제가 좀 많이 때리다가, 일찍 갈 수도 있는데. 오래 살 거 같습니다.

뒷 장 첫번째 제목이 "국악으로는 안되더라" 이건

---

18 '다스리는 음'을 뜻하는 용어로 악곡을 합주하기 전에 서로 호흡, 한배, 음률을 조화시키기 위해 연주하는 곡이다.

데, 사실 불세출 같은 경우에는 이게 한계 좌절이 아니라 너무 창작 국악 그룹들이 국악을 멀리 놓고 창작을 하는 거 아닌가 싶어서.

송현민 : 국악을 너무 악이용하지.

배정찬 : 저것도 국악인가라는 정도의 창작을 많이 해서 조금 불편한 게 많은데, 듣기에. 근데 저희는 그 마음은 한 가지인 거 같아요. "국악이 된다", "국악으로는 안 되더라"가 아니라 "아니다, 국악으로도 된다" 이걸 보여주고 싶은 게, 불세출이지 않은가 싶어요. 국악 요만큼만 바꿔도 충분히 좋다라는 건, 그건 여덟 명이 똑같은 생각을 하고 있어서, 이상한 우주 음악 창작은 할 수 없는 집단인 거 같아요. 전부 기본 베이스는 완전 전통에서 갖고 오는 거죠

김용하 : 우리 음악만 한다면, 불세출이라는 음악만 한다면 그게 맞고, 외주로 들어오는 작업을 할 때에는 해

봐야지.

　불세출이라는 그 이미지가 있으니까.

송현민 : 정체성이 있으니까.

■ 동시대의 젊은 창작국악 전반에 대해

이준 : 최근에 용하랑 우주 음악 한 번 했어.

송현민 : 여기에선 우주 음악이라고 해요?

전우석 : 나도 모르는 음악.

이준 : 그런 식으로 얘기해요.

김용하 : 감정에 의한 음악인데, 즉흥적인. 현대음악은 프리재즈[19]라고 할 수도 있구요.

19　정통적 규칙과 원칙이 파괴된 형태로, 조성이나 박자, 형식 같은 것에 전혀 구애받지 않고 연주자의 느낌이나 감정에만 충실하여 즉흥적으로 표현해낸 재즈이다. 1950년대 후반에 생겨났으며, 미국 내의 인종적·정치적 상황을 표출하는 수단으로 성행했다. 음악적 소리와 소음 사이의 경계를 무너뜨렸다는 점, 이국적인 악기의 도용, 즉흥적이며 야성적인 성향을 띠는 아프리카 음악의 요소들을 받아들였다는 점이 특징이다.

송현민 : 난 그게 나쁘진 않은데, 책임감이 없는 음악 같아요.

이준 : 휘발성 음악인 거 같아요.

송현민 : "그래서 과연?" 이런 생각이 들어요. 80년대 전까지만 해도 창작이라는 게 대부분 악보 베이스였기 때문에 기록이라는 게 남는데, 윤중강 선생님도 활발하게 기록했죠, 비평하면서. 근데 지금 이 세대가 죽으면 이걸 누가 기록을 해 줄 건가. 왜냐하면 사람이 곧 음악이 되기 때문에 어떤 사람을 끼느냐가 그 즉흥성이 바로 나타나는데, 유투브에 열심히 올리는데, 유투브 대란이 일어나서 이거 마저 없어지면? 음반도 안 나오고.

　　그래서, 어떻게 보면 무책임하다라는 생각도 들고, 요새 제가 현장에 다니면서 느끼는 건 좀 자기 폐쇄화 된 음악 같은 게 많은 거 같더라구요. "내 음악을 들으려면, 너는 그냥 나에 완전히 빠져서 와라."

김용하 : 즉흥 음악이 좀 그렇죠.

송현민 : 근데 실제로 현장을 가면, 이 사람들이 어떤 음악을 만들기 위해서 되게 정교한 노력은 하지 않아요. 되게 즉흥적이고, 예를 들면 어떤 시인한테 당신의 시에 대해서 시론, 설명글을 써 봐라 했을 때 그 설명글을 시처럼 쓰면 그건 안 되거든요. 설명글은 정말 남들이 알아먹기 쉽게끔 논리적으로, 이 시는 이렇게 해서 이런 문장이 나왔다 해야 하는데, 인터뷰를 해 보면, 이래요. "뭐 음악 들으시면 모르시겠어요?" "모르겠는데요? 왜, 알고 싶으면 당신 음악, 당신 거 안 듣고 유투브 들으면 그거랑 똑같더만". 그럼 기분 나빠져서.

배정찬 : 웃긴 판세가, 음악을 잘 하는, 국악을 잘 하는 사람이라는 그 잣대가, 즉흥음악에서 빨리 빨리 훅훅 나와서 뭐라도 타타타타, 뭐 척척척척 나오는 사람이 잘 하는 사람이 되어 버린 것처럼 된 느낌이 들더라구요. 그런 음악이 판을 치다 보니까, 근데 아까 얘기가 나왔듯이 느린 사람도 있고, 좀 연습해서 고민해 와야 잘 하는 것도 있는데, "바로 탁 하면, 안 나오냐. 이거?"

이런 얘기가 나오니까. 어, 저건 좀 아니지 않나, 그런 생각이 들긴 들더라구요.

송현민 : 작년 12월에 박경소[20]씨가 오랜만에 귀환을 했어요. 전 그 사람의 여정을 보면서 떠올랐던 게, 박경소 씨가 세계 레지던스 프로그램을 하면서, 여러 사람들을 만나고 나서 좀 더 인맥이 넓어졌지만, 오히려 이 사람이 자기 거라고 들고 나온 건, 자기 혼자만 나온 거에요. 저 가야금 연주자, 저기 홀로 서 있는 사람한테 약간 희망을 걸고 싶다라는 생각이 들었는데, 그러니까 옛날 명인들은 시나위 한 세트도 잘 하지만 그 사람 다 빼고 한 명만 딱 있어도 그 사람도 역시 빼어났잖아요. 요즘 연주자들은 뭉치면 분명히 살아 있는데 다 빼 보면 혼자 홀로서기를 정말 못 하더라구요. 계속 이렇게, 이렇게 다들 서 있어서 숲을 만들어야 되는데. 다들 이렇게 빗겨서 기대 있는 거야. 그래서 하나가 쓰러지면, 와르르 무너지는 그런 구조여서, 지금 국악계가 굉장히 불안하거든요

■ 국악은 더 이상 한계가 아니다

송현민 : 이거 이야기를 해 볼까요? 불세출이 전통음악에 대한 농도가 짙은 그런 창작 방법론, 혹은 창작방식·발표 그런 걸 해 왔는데. 아무래도 국악으론 안 되더라. 이런 한계나 좌절감 같은 걸 느껴 볼 때가 있었는지요.

김용하 : 항상 느끼지 않나(웃음)?

이준 : 한계는 없는 거 같습니다. 어떤 음악으로 도달하기 위해서 저희가 추구하는 방식이 전통음악적인 어떤 것이니까, 그거에 대한 고민은 있는데.

전 배경과 주인공이라는 생각을 해요. 음악에서 이게 너무 전통음악이 돋보이면 "이 음악은 어색할 거 같아"라고 생각을 하면, 전통음악을 배경으로 빼고 약간 대중적인 선율을 앞에다 놓으면 어느 정도 상쇄가 되면서 흘러가는 경향이 있고. 너무 대중적인 느낌이 강해서 이 음악이 틀어진다 하면, 약간 대중적인 느낌을 배경으로 놓고, 주인공을 앞에 전통음악적인 것으로

---

20 가야금 연주자로 국립국악고등학교와 한국예술종합학교에서 수학했다. 가야금 앙상블 아우라, 오리엔탈 익스프레스 단원으로 활동했다. 연주 외에 국내외를 오가며 작곡가, 즉흥연주가로 활동 중이다.

세우면 되는 식으로 작업하는 것을 좋아하는 상황이 되었어요, 요즘에는.

그 배치를 잘 하면 괜찮겠다. 그거에 대해서 약간 미술적으로 생각하고 있어요. 뭐가 앞으로 오냐, 어떤 배경이냐.

지금도 시대극 같은 것을 보면 드라마나 영화에서도 약간 그런 부분이 보이잖아요. 어떤 부분에서는 자연스럽게 보일 때도 있고, 어떤 부분에서는 어설프고 어색하게 보일 때도 있는데 그건 배치와 촬영했을 때의 문제라고 생각을 해서 음악도 약간 그런 측면으로, 배치를 잘 하면 잘 된다고 생각해서 음악 자체의 한계는 없는 거 같다고 생각해요.

내가 지금 실패 했으면, 내가 배치를 못 한 거지, 내가 부족한 거지, 한계는 없는 거 같습니다.

송현민 : 이 답에 있어서는 개별적으로 답을 준비해 주시구요. 여기에서는 유일하게 불세출 안에서 양악기, 기타를 다루는 덕렬씨 같은 경우에는 경계선상에 있을 때가 있잖아요?

최덕렬 : 준이와는 약간 다른 얘긴데, 음. 저희가 실력이 없다고는 말할 수는 없지만, 어떻게 운 좋게 여기까지 왔잖아요. 왔는데, 근데 여기까지 온 게 우리가 잘 해서인지, 아니면 국악 판이 좁아서 결국 드러나는 사람의

수가 절대적으로 적다 보니 이런 건지에 대한 생각을 많이 하거든요. "국악으론 안 되더라"라는 생각을 아주 많이 해요. 특히 유튜브 같은 걸 보면 저희가 나름 열심히 하고, 최고라고 말 할 수는 없지만 입지를 닦아 가고 있다고 생각하는데, 이 정도 되면 거기에 걸맞는 뭔가 호응이라든가가 있어야 하잖아요. 쉽게 말하면 유튜브 조회수라든가 이런 게 따라와야 한다고 생각을 하는데, 국악 안에선 으쌰 으쌰 하고, 상도 타고, 뭐 선생님 소리도 듣고 그러는데, 근데 결국 밖에서 보면, 요만한 거 안에서 서로 요러고 있는 거에요. 이런 느낌이에요. 결국 우리가 잘 된 것도 판이 좁아서 인가, 아니면 실력이 좋은데 판이 좁아서 대우를 못 받는 건가 이런 고민. 그냥 항상 달고 있어요. 해결될 문제는 아닌데.

이준 : 역시 SM엔터테인먼트와 콜라보를 해야하나.

최덕렬 : 맞다, 송소희 때도 느꼈다. 그 때 국악은 거의 넣지도 않고 그냥 아무렇게나 했는데, 불후의 명곡이란 포맷에서 송소희라는 핫 아이템이 불렀기 때문에 그렇게 되었다고 생각하거든요.

이준 : 요즘은 그래서, SM에 곡을 어떻게 보낼 수 있는지, SM 회사에 한번 들어가 볼까 생각해 보고 있어요.

송현민 : 저런 고민 되게 좋은 거 같아요.

이준 : SM에 한 달에 한 300곡 정도가 들어온대요. 오늘 나온 곳이 3년 전 곡인지 뭔지도 모르는 거야. 정말 곡이 계속 쏟아져 올라오는 거에요. 우리도 한 번 곡을 넣어 보는 게 어떤가 하거든요. 넣을 수 있는 경로만 알게 된다면.

최덕렬 : 아직도 정말 너무 모르고.

송현민 : 진욱씨는 어때요?.

김진욱 : 저도 한계라는 범위가 정해져 있다고 생각하진 않고, 어떤 시점마다 되게 다른 거 같아요. 그냥 저희가 가장 많이 느끼는 한계는 마이크를 타는 순간 본질적인 음색과 소리들이 사라져 버리니까요. 내가 느끼는 거랑 내가 연습할 때 느끼는 소리를 객석에서 느끼지 못 하는 그런 것도 국악의 한계일수도 있는 거구요. 그런 면에선 어떻게 해도 안되는구나. 이렇게 생각이 들 수도 있고.

또 내가 아무리 잘 해도 덕렬이가 얘기했듯이, 시장 문제나 그런 게 너무 문제가 많아서 저는 그냥 안 되는 건 안 되는 거, 되는 건 되는 거로 구분을 짓고 활동을 하고, 생각을 하는 편이거든요. 저는 그냥 한계가 있

지만, 내가 안고 가야 할 숙제. 그거 땜에 좌절까진 아니더라도.

송현민 : 인정할 건 인정하자.

김진욱 : 그래, 장점을 더 살려 보자, 약간 이런 생각으로 활동을 하려고 하고 있습니다.

송현민 : 정찬씨는? 좀 어때요?

배정찬 : 저 같은 경우에는 광대랑 불세출을 같이 하는데, 두 팀은 아예 다른 느낌이기 때문에, 광대는 어떻게 보면 많은 환호와 많은 즐거움, 박수, 웃음 이런 게 관객하고 많이 소통하는데 반해 불세출에 오면 저는 또 다른 재미는 있어요. 같이 앉아서 연주 하면, "아, 좋다. 멋있다", 하는데, 관객들은 "왜 그것만 좋아할까?"라는 느낌이 좀 있어요.

송현민 : 그것만이라면?

배정찬 : 재밌고, 웃음을 주고 아니면, 불세출에서도 빠르고, 시끄럽고, 이런 걸 좋아하고.

최덕렬 : 기승전결이 분명하고.

배정찬 : 감성적인 걸 하면, 1월에 고궁박물관에서 공연할 때 보면 앉아 계시던 분들이 일어나서 나가고. 아직 우리 관객들은 국악의 깊이에 대해서 이해할 정도의 수준은 안되는구나라는 생각을 해요. 저희는 어렸을 때부터 배운 게, '궁 하나의 소리를 내도 깊이 있는 소리를 낸다. 본청만 긁어도 눈물이 난다' 하면서 배웠는데, 그걸 과연 알아주는 관객의 수준이 되느냐. 시대를 잘못 태어났구나.

송현민 : 저도 많이 느껴요. 조금만 글 어렵게 쓰면 본인이 안 읽고 이렇게 말하잖아요. "왜 이렇게 어렵게 써요"라고 해요. 예술에 대한 생산자 입장이니까 터놓고 얘기하자면, 이 주문이 젤 무서운 거 같아요. 쉽고 재밌게 해 달라. 창작자들에게 참 악영향을 주는 그런 단계인 거 같아요.

배정찬 : 저희는 옛날 음반 듣고, 영상 보면서, 김일구 선생님 아쟁, 명창 선생님들 하시는 거 보면서, 이게 올라 가고 "아. 얼씨고. 으이" 나올 정도로 감동이 있는데, "아, 이걸 관객들이 이해 하기가 어려운데. 좀 됐으면 좋겠다" 싶거든요. 국악이 재미 없다라는 편견과 무관심은 많은 창작 그룹의 문제라고 생각해요.

송현민 : 콤플렉스를 인정하는 건데요.

배정찬 : 솔직히 잘 못해요, 모두 다. 제가 볼 때에는 불세출도 마찬가지고. 그리고 정말 국악적으로 국악의 멋을 관객들에게 전달하는 팀이 거의 없다고 봐요, 아예 없다고 봐요.

송현민 : 전 그런 생각도 해요. 오늘 내 얘기를 많이 하는 거 같은데, 산조가 20세기가 낳은 최고의 산물이라고 하는데 산조도 곧 없어질 거 같아요. 왜냐하면, 긴 산조를 안 타잖아요, 사람들이 요새. 독주회를 해도 적당히 줄여서 타고. 우리 스스로에 의해 만들어진 유산이지만, 우리 스스로 감상법이 달라지면서 산조도 곧 없어질 거 같고. 그럼 여기에 산조가 갖고 있는 기능성을 대체할 만한 음악이 이 시대에 나와야 되는데 안 나오고 있고. 좀 위의 세대들이 잘못 하고 있는 거 같고, 이런 얘기 하다 보면 한도 끝도 없죠.

그리고 국악계의 문제가 이런 이야기를 그 사람 앞에서 대놓고 얘기를 해도 "본인은 아니다"라고 생각하는 경우가 너무 많아요.

배정찬 : 불세출이 하겠습니다(웃음)!

전우석 : 우리도 어렸을 때 그랬지만, 그런 다른 음악에 대해서 인정하는 분위기가 아직 잘 형성이 안 되어 있는 거 같아요. 항상 비판만 하구요. 그리고 새로운 류가

나왔을 때 그거에 대해서 좋게 봐 줄 수도 있을 텐데 일단 그걸 배제해 버려. 그니까 전통이 아니게 되어 버리는 거에요.

새로운 류의 산조가 나오더라도 그런 부분들 때문에, 인정하지 못 하는 분위기 때문에, 오히려 막혀 있는 게 아닌가 생각이 들기도 하구요.

송현민 : 계전씨도 말씀 좀 해 보세요. "국악으론 안 된다"에 대해서. 젤 수줍음이 많은?

박계전 : 저도 말은 많이 하는데, 저랑 같은 생각을 얘기해 주니까 듣고만 있었어요. 음악적인 한계, 악기적인 한계는 뭐 항상 느끼죠. 똑같아요, 저도. 약간 "국악으로 안되더라"가 아니라, 국민이나 우리 나라 사람들이나 사회가 그렇게 만드는 거 같아요. 예능에서 봐도 재밌고 웃기고 이상한 부분 나오면 BG로 국악이 나오잖아요, 항상 좋은 느낌일 때가 아니라.

인식 자체를 그렇게 시켜 버리니까, 똑같이 또 우리가 말 안 해도, 사람들 스스로 "국악은 어려우니까", 듣지도 않은 사람들도 있으니까, 저희가 당연히 열심히

하겠지만 저희만 해선 안되는 일인 거 같고, 범국민 차원에서 장관들이나, 누가 해야 할 거 같아요.

전우석 : 원래 우리 음악 자체가 되게 해학이 있고, 재밌는 게 있는데, 우스꽝스럽게 비하 하는 그런 쪽으로, 매체에서 많이 쓰니까요.

박계전 : 국민 의식이 달라서 그럴 수도 있지만, 외국에서는, 유럽에서는, 몇 십만원 돈 주고 클래식 음악 가만히 앉아서 듣잖아요. 우리 나란 못 하잖아요. 정악단이 하더라도요.

송현민 : 그래서 전 최근에 대금 유홍[21] 씨 있잖아요, 독일에 있는. 젤 부럽더라구요. 유홍씨는 거기 가서 자기가 하고 싶은 음악을 다 한대.

심지어 독일은, 브런치 콘서트 11시 콘서트. 우리는 오전 11시 콘서트 하면 되게 가벼운 음악회인데요. 11시 콘서트에 현대음악 브런치 콘서트도 있대요.

내 음악을 정확하게 이해는 못 한다 하더라도 와서 진지하게 들어줄 사람들한테 음악을 한다는 것에 대

---

21 대금연주자로 국내에서 정가악회 활동 후 런던대에서 민족음악학과, 퍼포먼스 과정에서 수학했다. 2011년부터 독일 베를린에 거주하며 아시안아트앙상블에서 활동하고 있다. 유럽현지 작곡가들과 레퍼토리를 개발하고 있다.

해서, 이 사람은 너무 도취되어 있거든요. 그런 사실은
내가 만약에 국고 교장이라면, 나는 고등학교 과정에
독일어나 프랑스어를 필수과목으로 넣어서 얘네들이
대학에 와서 제 2 외국어를 하나씩 해서 수출을 시키는
(걸 하고 싶어요).

　　왜 그러냐 하면, 유홍씨 이야기 들어보면, 독일에
아시아의 어떤 연주자가 와도 1년만 고생 하면 거기에
안착이 된다는 거에요.

박계전 : 저는 지금까지 연주하면서 가장 감명 깊었던,
관객들의 에너지를 가장 많이 느낀 때가 프랑스 파리
에서였어요. 그 때 우리랑 숨[22] 팀이 갔잖아요. 물론 그
분들도 좋아해 줬지만.

송현민 : 가장 전통색이 강한 팀들이었네요.

박계전 : 마지막 곡을 연주했는데, 저희한테만 기립박수
를 해 주시더라구요. 물론 소극장이었지만, 그 느낌을
잊지 못해요.

최덕렬 : 근데 덧붙여 얘기하자면, 그 공연장의 관장은

엄청 다르게 봤어. 대중들은 우리 공연을 좋아했는데
그 사람이 "너네 또 불세출 같은 팀들 데리고 올 거냐?
절대 안된다"라고 얘기했었대요.

송현민 : 정찬씨, 그 때 갔었어요?

배정찬 : 없을 때였어요.

박제헌 : 제가 징을 치고 그랬어.

22　피리·태평소·양금·노래의 박지하, 가야금의 서정민, 두 명의 단원으로 구성된 창작 그룹이다.

이준 : 사람마다 듣는 게, 생각이 많이 다르잖아요. 지금 얘기하는 것들도 "사람들이 알아 줘야 한다" 이런 얘기도 있는데... 얼마 전에 전 성남 시립 신년음악회 보러 갔을 때 천 칠백 명이 와서 엄청나게 행복해하고 갔어요, 성남시민들이. 국악원 같은 경우에는 일반적으로 거의 대부분 국악하는 사람들이 와서 팔짱 끼면서 봐서 외로울 수도 있겠다 생각할 수 있겠으나, 성남 시립 보면서, "와, 성남 시립에 있는 연주자들은 행복하겠다, 사랑을 받으니까" 그런 생각도 들었었고, 또 유홍 선배님에 대해서도 말씀 하시고. 잠비나이 같은 경우에도 되게 각광받고 있고, 블랙스트링도 그렇고, 우리도 이렇게 후원회가 있는 팀이 어딨어요. 결국에는 많든 적든 사랑을 받고 있는 거 자체가 희망적인 거 같고, 한계라는 건 우리 불세출이 천 칠백 명이 오지 않으면 불행한거야 라고 한다면 우리에게 한계성이 있지만, 우리에겐 후원회가 있어 하면 한계성이 없는 거잖아. 이건 생각의 차이라고 생각합니다. 잠비나이처럼 나아가는 팀도 있고, 저도 세움으로도 해외 공연 나가고 했는데 미국 공연 갔을 때 인상적이었던게 워싱턴 근처 여러 도시 다니면서 공연을 했는데, 볼티모어에서 공연 끝나고 걸어 가는데 흑인들이 와서 저를 너무 붙잡아서 가질 못 하는 거에요. 붙잡고 "아이러브유, 원더풀" 하면서. 할아버지. 할머니 남녀노소를 다 떠나가지고.

송현민 : 음악적인 이유였을까?(웃음).

이준 : 남녀노소를 떠나서 라니까요. 그런 경험들이 누군가는 사랑을 해 줄 수 있는 사람들이 있다는 거잖아요, 어디 세계 도처에. 그렇기 때문에 지금 상태에선 힘들 수 있겠지만 그래도 어딘가 점점 더 후원회 분들처럼 저희 음악을 알아줄 수 있는 분이 우리나라에도 있을 거고, 세계에도 있을 거고.

저희는 그런 한계성을 사실 부정적인 생각을 빼고 해도 되지 않나, 살아가면서 그런 생각 들더라구요. 해어화 영화 보면서도 영화자체는 아쉬웠는데 정가악상블 소울지기 걔네들이 음악한 게 나왔는데 전 거기서 울었거든요. 그 음악이 너무 감동적이어서.

송현민 : 앗따, 소년이네.

이준 : 그런 거, 음악이 거기 있었으니까 훨씬 저한테 감동을 줬을 수 있었을 거 아니에요.

박계전 : 그래서 저희만으로 해결 할 수 있는 것은 아닌 거 같고, 다들 노력을 저희뿐만 아니라, 홍보하시는 분들, 기획하시는 분들. 다 마찬가지라고 생각해요. 국악이라는 퀄리티를 올리려면 다 같이 노력해야 할 거 같고요. 좌절은 안 하려고 해요. 많이 되긴 하는데, 좌절

하면 너무 힘드니까. 어차피 좋아서 하는 건데.

전우석 : 아직 우리를 제대로 포장해 줄 종합적인 게, 국악은 잘 형성되어 있지 않은 거 같아요. 무대부터 시작해서.

김용하 : 포장을 해서 어디다 내놓을 거냐에 대한 문제인 거 같아요.

배정찬 : 아니야, 아니야. 음악이 아직 모자라.

전우석 : 음악도 그렇고, 음악도 모자란다면 모자랄 수 있고. 어쨌든 모든 것들이 종합적으로 잘 어우러 져야 되는데, 다른 음악을 보면.

이준 : 그니까 이수만한테 가자니까.

송현민 : 나중에 60~70까지 할 거라고 생각하면 이 정도 속도가 맞구요. 다음은 제헌씨?

박제헌 : 개인적인 질문인 거죠? 국민적, 이런 거 아니고. 전 이 글로만 본다면, "이 정도 해도 국악이어서 되더라가 되요", 저는. 어떤 바이올리니스트 강의를 들었는데요. 자기가 연주 할 수 있는 곡이 지금 그 자리에서

연주할 수 있는 곡이 100곡이라고 하더라고요. 그 연주자는 24시간이 넘는 레파토리를 갖고 있대요. 난 그럼 얼마나 할 수 있지? 생각해 보니 난 악보 없이 약 한 시간 반, 그것도 연습을 해야. 근데 그 분은 강사를 나가면서 전전긍긍하면서 살고 계시더라고요. 반면 나는 국악이니까, 내가 이렇게 먹고 사는 구나. 국악이어서 먹고 사는구나. 고등학교 강의 같은 것도 원서 내고 한번에 되고, 국악이니까 되는 구나.

전 지금까지 한계 좌절보다도 국악으로 이득을 본 게 많아 가지고. 사람 만나도 국악 한다고 하면 오히려 저를 더 우아하고 높게 봐 줬지, 국악 한다고 해서 하대하거나 하는 경험 그런 거 한 번도 없었어요. 좌절, 한계, 개인적으로만 보면 좌절보다는 저한테는 힘이 되는 장르가 국악이라고 생각해요.

■ 창단 10주년을 맞아 – (1)김용하의 소감

송현민 : 오늘 시간이 많이 흘렀는데. 끝으로 좌담회가, 후원회에 의해서 마련된 좌담회고, 이렇게 모일 기회도 흔치 않고. 올해 또 10주년인데, 10년이라는 게 짧으면 짧다 할 수 있는 시간이고, 길다면 길다 할 수 있는 시간인데요. 불세출의 내부적인 분위기로 봤을 때 신비로운 시간이고, 신기한 시간이에요, 10년이 왔다는 게. 개

인적으로는 의미 부여를 많이 하고 싶네요.

그리고 나는 며칠 전에 준이씨를 김계옥 선생님 연주회에서 만났는데요. 저 인간이 궁시렁 거리는 걸 옆에서 들어봤어요. 어떤 친구랑 같이 왔었잖아요. 근데 준이씨가 그 이야기를 하더라구요. "우리 세대의 음악 연주 하는 건 뭔가 사기 치는 거 같아. 제대로 하는 건지 모르겠다".

오랜만에 그런 음악을 들으니까, 좀 뭔가 힐링이 되는 느낌이 든다고 하더라구요. 그래서 제가, 이준 이라는 사람을 다시 보게 되는 계기가 되었어요. 그 이야기를, 자기 고백을 듣는 순간, 연주자를 다시 보게 되더라구요. 그래서, 그런 어떤 계기 같은 게 개개인적으로 있을 거 같아요. 앞으로 그런 각성하는 개인이 많을수록 이 집단은 더 잘 되겠죠.

후원회, 10주년, 올해 계획 이런 거에 대해서 조금 뭉뚱그려서 말씀을 해 주실 수 있을까요?

배정찬 : 대표가 해 주세요. 대표가 한 마디 해야지, 마지막으로.

김용하 : 아까 한계 좌절 얘기하면서, 함양에 가게 된 것도 사실 그 맥락이 조금 들어있는 부분이긴 한데, 대중적인 음악? 대중적인 음악이 뭔지도 잘 모르겠고, 어쨋든 TV에 나와서 뭔가 만인의 사랑을 받을 수 있는 그런 자극적인 거? 혹은 쇼가 많이 가미된 볼거리가 있는 것, 그런 걸로만 생각했을 때에는 저는 대중적인 국악이 한계라고 봐요. 왜 해야 되는 지도 잘 모르겠어요, 그거에 대해서. 고민도 많이 했었지만.

그래서 어느 순간부턴가 작은 규모의 공연을 좀 다니게 되고, 사람들과 직접 이렇게 작은 공간에서 숨을 같이 쉬면서 공연하는 걸 몇 번 해 보니까 그게 좀 더 맞는 거 같긴 하더라고요.

공장에서 만들어 내는, 되게 빠르고 많이 만들 수 있는 그런 제품이 아니라, 시간이 오래 걸리는데 적게, 그리고 사람과 직접 얘기 하면서 나오는 제품이 돈은 안 되지만 더 맞는 느낌이 들었어요. 내가 국악이라는 이 장르를 한다고 했을 때, 그리고 그렇게 했을 때, 뭔가 자꾸 만들려고 안 해도 되고 무대화 된 공연을 하다 보니까, 뭔가 새로운 것들을 만들어 내야 하고, 그 무대 공연에 의한 어떤 작품들을 만들어 내야 되는 게 있는 거 같아요. 시간적인 측면도 그렇고. 여러 가지 연출적인 부분이 들어가겠죠, 무대니까. 그리고 또 무대를 또 즐기러 오러 오는 사람들은 무대에 대한 공연물로 보고 오는 걸테니까.

저는 일단 공간에 대한 부분이 중요하다고 생각이 들었고, 그런 공간들이 많이 만들어져야 한다고 하게 됐어요. 이 생각은 한 2년 된 거 같아요.

송현민 : 그래서 함양 거기에?

김용하 : 그래서 우연찮게 그런 생각을 가진 상태에서 테헤란로 풍류회의 정악 지도를 한다고 함양에 가 봤었던 거고. 취미생들을 가르친다는 것에 대해서 전 사실 되게 안 해야지라는 생각을 많이 했었어요. 상처 받은 적도 많았거든요. 왜냐하면 난 이만큼 열심히 해서 잘 끌어올리고 싶은데 노력을 안 하니까, 취미생들은 그랬어요.

그래서 안 가려고 했었는데, 그 때 한참 보릿고개여서 "그래, 노는 김에 20~30만원이라도 벌자" 이러고 시작했던 거죠. 어쨌든 그걸 하면서, 결론적으로는 우리한테 더 잘 맞는 공간과 기획들이 많아져야 되겠다는 생각을 많이 했습니다. 그래서 함양에 갔었고, 그 마음을 알아 주셨는지 저에게 먼저 접근을 해 주셨고, 그게 후원회가 됐죠. 그래서 요즘 드는 생각은, 후원회가 계시니까 공연할 때 든든하더라고요. 다른 건 잘 모르겠고요. 와 주시는, 관심 있게 봐 주시는 분들이 있으니까. "우리가 공연하면, 그래도 서른 명은 온다"는 약간 든든함이 있어서, 그게 행복하고.

10주년을 저희끼리 기금을 받아서 할 수 있는 것들이, 지금 책까지도. 뭔가 우리의 진술한 이야기를 담을 수 있는 기회가 생겼고, 또 이 분들이 또 이런 분들이니까, 또 이런 분들을 모셔오겠지라는 기대도 있고, 그러면 그걸 같이 공연할 수 있는 사람들도 많아 질 수 있겠지라는 생각이 들면서, 우리 판이 생길 수 있겠네 하는 생각을 하고 있어요. 그래서 그런 우리가 잘 할 수 있고, 우리 소리를 잘 전달하거나, 같이 들어줄 수 있는 사람들의 판이 많아질 수 있겠다라는 것이 앞으로의 희망과 목표구요.

일단 이번 연도는 10주년이라는 타이틀이 있고, 최대한 우리도 성의 있게 그 동안 해 왔던 음악 정리 잘 하고, 또 새롭다 라기 보다는, 어쨌든 창작자들의 집단으로서 뭔가 '이 시대에도 이런 음악이 국악이다, 국악일거 같다, 그리고 국악이 되어 보자'라는 그런 음악을 또 낼 수 있으면 좋은 거죠. 여지까지 풍류도시를 10년 동안 하면서, 욕도 많이 먹었지만 어떤 사람한테는 욕을 먹고 어떤 사람들은 좋아해 주셨는데, 그래도 한다라는 것은 누군가가 듣고 좋아했기 때문에 하는 거거든요. 그런 음악이 또 하나 나오면 좋은 거고, 그런 음악을 만들었으면 좋겠어요, 저는. 새롭게 만든다기보다는.

송현민 : 그럼 이 뜻에 나머지 단원 분들 다 동의 하시는 걸로?

오늘 준이씨 되게 멋있네. 나중에 테드 이런데 나와 가지고 강의 하는 거 아니야? 마이크 차고.

이준 : 이수만한테 가자(웃음).

송현민 : 끝으로 장시간 같이 앉아 계시면서 이렇게 같이 준비해 주신 후원회 회장님 비롯해서, 돌아 가면서 참가하신 후원회 분들, 혹시 불세출한테 바라시는 게 있으면, 이 자리에서 관철 시키는 것도 좋구요. 회장님 권한으로 배정찬 단원이 나갔으면 좋겠다 라든가.

김용하 : 이사회 인가요?

이준 : 오늘 이사회지. 주주 총회야.

정의효 : 핵심 멤버들이 다 저기 장구 수업 듣는데.

송현민 : 그래요?

배정찬 : 제가 선생입니다.

송현민 : 이유가 있었구나.

이준 : 정치적으로 가장 강력해요, 재가.

송현민 : 비선 실세네. 회장님부터 해 주시겠어요?.

이경희 : 불세출 좌담회라서 제가 말을 하게 될 거라고 생각을 전혀 안 하고 있었네요. 작년부터 계속 여러 번 만나고, 매번 만나면서 자주 했던 그런 얘기들을 (할게요). 불세출을 만나서 저 개인적으로는 좋은 경험이었고, 좋은 인연을 맺었고, 불세출 뿐만 아니라 이걸 하면서 좋은 사람들을 많이 만나게 되어서 저한테는 새로운 경험이었고. 저는 개인적으로 불세출이 하는 음악이 제가 처음 들어본 국악이었는데, 그걸 계기로 다른 음악들을 많이 들어봤지만 아직까지는 불세출 음악이 가장 좋았다고 생각을 해요. 팔이 안으로 굽어서가 아니라, 어차피 많은 다른 서양 음악들이 있고. 그런 음악들을 지금까지 많이 들어왔잖아요. 대중 음악도 많이 들어왔고.

　　불세출 음악은 그런 것들 하고는 많이 달랐고, 유튜브 통해서 여러 국악 팀들의 음악들도 들어보고, 산조 같은 것도 다 들어본 결과를 이야기 하자면, 처음의 경험이 좋아서 그랬는지 어찌 되었든 불세출이 하는 음악이 저는 개인적으로 더 좋다라고 생각하고, 앞으로도 불세출이 지금까지의 그런 음악과 비슷한, 아니면 그것을 바탕으로 보다 더 좋은 그런 음악을 만들어 가면, 후원회를 하고 있는 저의 입장에서는 가장 좋지 않을까. 그래서, 진욱씨가 작년 돈화문국악당 공연 뒷풀이에서 말했듯이, 앞으로 30년 동안 연주를 할 거라고 얘기를 했는데, 30년 뒤에도 우리 후원회와 같이 갈 수 있는 불세출이 되면 좋겠다라는 생각을 하고 있습니다.

배정찬 : 역시 회장님! 부회장님 말씀 하셔도 안 되겠다. 못 이기겠는데?

송현민 : 장시간 지켜 보신 진인진의 김태진 부장님.

김태진 : 사실은 국악이라고 하는 걸 어릴 때부터 많이 여러 계기를 통해서 듣기도 하고 접하기는 하지만, 연주자와 곡과 소리를 일치시켜 가면서, 예를 들면 베를린 필하모니의 카라얀, 베토벤 교향곡 5번이다, 즉 몇 가지 4~5가지 정보가 결합되는 식으로 음악을 들어본 계기는 불세출이 처음이라는 거죠. 어떤 곡과 소리와 연주자들이 결합된 상태에서, 이게 독특한 경험이었어요.

그리고 사실 여기 계신 분들은 굉장히 팬덤이 강하신 분들인데, 전 처음부터 일로 접근해야 했어요. 책을 만들어야 되고, 후원회 사업을 해야 하는데, 이러 저러한 걸 우리 총무님이 요청을 하면 거기에 대해서, 되게 귀찮아하면서, 이렇게 하라 하면 하고, 그런 식으로 엮이게 되면서, 가장 멀리서 팬덤하고는 상관없이, 주관적인 판단과는 상관없이, 객관적인 태도를 가지고 접근한거죠. 제가 봤을 때, 책의 기본적인 컨셉을 대한민국의 생활인들이 이 사람들의 음악 말고 대한민국 사회, 헬조선이라는 부르는 이 대한민국 사회에서 국악이라고 하는 독특한 직업 영역에서, 생존해 온 분투기 비슷한 걸로 잡은 거거든요. 비교적 성공적으로 생존에 성공한 사람들이다. "성공까지 했는지는 아직까지 모르겠지만, 최소한 우리가 안 망하고 10년을 버텼다"잖아요. 이런 거에 대한 이야기를 들려 줄 수 있는 차원에서 제가 보고 있는 거구요.

거기 조금 더 한다면, 초등학교, 중고등학교 부모들 입장에서. 사실은 30대의 동년배들의 생활인들은 자기 자식들이 태어나서, 초등학교 들어갈 정도의 나이에 국악을 시켜도 되겠냐, 말아야 겠냐 하는 생각을 같이 할 수 있을 텐데, 애가 어렸을 때, 이 정도의 싹을 보일 때 밀어주면 이 정도는 간다라는 걸 보여줄 수 있는, 평이하고 상식적인 수준에서 내용을 접근했습니다.

그런 측면에서 봤을 때, 한국 사회가 가지고 있는 여러 가지 열악한 조건임에도 불구하고 이런 생각을 해요. 대한민국 국민들은 1류인데, 기업은 2류고, 정치는 쓰레기고, 뭐 이런 얘기를 하는데, 지금 여러가지 제도적 문화적인 열악한 여건임에도 불구하고, 저를 기준으로 보면 한 20년 가까운 후배들이 자기 영역에서 성공적으로 열심히 노력했고, 개별적으로 성숙한 시민으로 의식을 가지고 있고, 이런 것에 대해서 희망적으로 생각을 하고 있구요. 이런 개인 하나 하나의 사람들이 이렇게 바른 생각을 하고, 행동을 함에 따라서 전체적인 분위기가 좋아질 거 것이다라는 같은 희망을 갖게 되는 계기가 되었다라는 점에서 고맙게 생각하고 있습니다.

앞으로 나올 책이 완성도가 높고 독자들에게 큰 도움이 될 수 있도록 분골쇄신 하겠습니다.

송현민 : 후원회 홍보수석이시죠? 말씀 해 주세요.

정의효 : 저는 원래 불나비로 적극적이진 않았구요. 다른 데서 동호회 활동을 하고 다른 선생님한테 배우고 있었는데요. 용하 선생님이 테헤란로 풍류회에 오시게 되었는데, 사실 제가 테헤란로 풍류회 총무를 맡고 있었어요. 우연찮게 함양에 가게 됐고 함양에서 지인 선생님이 용하 선생님을 만나고, 한번 더 함양에 가서 불나비가 생겼다더라. 첨 얘기 들었을 때 "불세출 말고 다른 팀도 많은데, 왜?" 정말, "왜?"였어요. 왜? 일단은 같이 가셨던 성희 선생님, 주 연결 고리가 되신 분이 한 분 더 계신데, 그 분이 같이 놀러 가자고 해서 워크숍 갈 때 갔어요. 사실 불세출이 좋아서라기 보단 함양이 좋아서 갔는데, 실제로 공연을 보고 너무 멋있었던 것도 있구요. 첨엔 연습실에 갔었는데, 그 땐 솔직히 잘 모르겠더라고요. 뭐 연습하는 건 다른 팀들과 비슷 비슷하니까. 창작하는 분이 워낙 많고, 어려운 팀도 워낙 많고, 도와준다고 한다면 이 팀만 도울 게 아니라, 국악 하는 분들이 얼마나 많아요? 근데 확실히 무대에 올라갔을

땐 특별한 게 있더라구요. 무대에서 여덟 명 다 있을 때가 젤 멋있고, 솔리스트로선 얼마나 경쟁력이 있을 진 잘 모르겠지만, 여덟 명이 있을 땐 시너지는 확실히 다른 팀과 차별성이 있지 않나 개인적으로 생각을 했었고.

송현민 : 누가 젤 멋있어요?

정의효 : 가장 오래 본 사람을 좋아하니까요, 지금은 용하 선생님(웃음).

김용하 : 가장 안전한 대답이죠. 나라도 그렇게 대답할 거 같아요(웃음).

송현민 : 정찬씨 이 갈았어(웃음).

정의효 : 요즘은 정찬 샘 자주 보고 있으니까, 어쨌든 알아온 기간이나 만난 횟수가 되게 중요하잖아요. 제가 불세출한테 바라는 건, 회장님 말씀 하셨던 것처럼 오래 가는 게 중요하고, 그만큼 꼭 새로운 걸 할 필요는 없지만 열심히 해 가면서 본인들도 즐겼으면 좋겠어요.

나이가 어느 정도 되었다고 해서, 생업으로 생각해야 한다는 게 고민이 될 거 같긴 해요. 저희 직장인들은 어차피 직업이라는 게, 싫어하는 일을 하면서 돈 받는 건데 근데 예술 하시는 분들은 자기가 좋아하는 일

을 하면서 돈을 벌 수 있다는 환경이 되었으면 좋겠구요.
　　어떻게 보면 천직이라는 말을 쓸 수 있는 몇 안 되는 직업 중에 하나인 거 같아요. 사람들이 생업으로 한다면 돈을 벌기 위해서 하는 거지만, 천직으로 한다면 이게 사람들이 그런 생각을 한대요. 천직으로 생각하는 사람들은 내가 이 일을 하는 것으로 세상에 도움이 된다는 소명 의식을 갖고 있기 때문에 충분히 그런 자부심을 가져도 될 거 같아요. 불세출 음악 들으면서, 저처럼 누군가는 스트레스도 풀고 즐거워하고, 너무 어렵게 생각할 필요 없이 즐기면서 계속 음악 했으면 좋겠어요.

이준 : 후원회에서. 후원회에서, 아닙니다.

이경희 : 얘기해 보세요. 괜찮아요.

이준 : 후원회에서 월급을 주면, 우리가 돈 생각 안하고 열심히 연주 할 텐데요.

김지인 : 우리가 그런 생각 안했던 건 아니에요

■ 후원회와 함께 하는 미래를 위하여

송현민 : 잠깐 얘기를 하자면, 불세출이 후원회를 편하

게 생각하고 막 굴렸으면 좋겠어요. 막 같이 뭘 해 보자. 후원회 활용을 적극적으로. 한 번 해 보시면 좋을 거 같아요. 악기도 가르쳐 드리고, 그러다 보면 뭔가 이게 파장이 일어날 거 같기도. 하구요. 국악에서 패트런이라는 시스템이 없는데, 여기서 뭔가 모델이 하나 나올 거 같기도 해요. 그러다가 나중에 준이씨가 좀 더 성공하면, 불세출 후원회를 다 이준 후원회로 다 끌어가면 되잖아요. 불세출은 이제 그만 하라 하시고.

이준 : 그럴 수 없습니다. 이 친구들 아니면 안 해요
　　어쨌든 후원회에서 월급을 두둑하게 주면, 음악만 전념하고 좋을 거 같아요.

정의효 : 후원회 자체에서 뭐 얼마나 많은 금전적인 부분을 서포트 할 수 있을진 모르겠지만, 후원회에서 끌어올 수 있는 행사는 충분히 기획이 가능하거든요.

김용하 : 저는 금전적인 건 지금 부담스럽긴 하지만, 후원적 측면으로, 우리만의 사회를 만들었으면 좋겠고, 그 사회가 단단해 지면서 뭔가 더 이런 것들이 확장 되었으면 좋겠어요.

이준 : 너 월급 주면 받을 거잖아.

김용하 : 안 받을 거야, 난 사회에 환원할 거야

최덕렬 : 돈을 벌어서 다 가지고 가는 게 아니라. 겨울에
궁핍할 때, 여름에 많이 벌어놓은 걸 나눠 주는 거지.

박제헌 : 내가 얘기했다가 다 까였잖아.

송현민 : 보릿고개도 후원회랑 같이 하다 보면 넘길 수
있잖아요. 우리 보릿고개니까, 당신들 와서 우리한테
억지로라도 레슨 좀 받아라 하면 되잖아요. 준이씨 얘
기 잘 할 거 아니야.

이준 : 가야금은 왜 안 배워요?

이경희 : 기본이 없다고 안 받아 줬잖아. 장단 배우고 오
라고 했잖아.

이준 : 장단 몰라도 되요(웃음).

배정찬 : 악기 없잖아, 넌(웃음).

박제헌 : 저는 악기를 공짜로 드릴 테니까, 배울래요?

김용하 : 이야기를 듣자. 부회장님.

■ 불세출과 후원회 – (1)서로를 위한 긍정적
이용하기가 필요한 때

김민근 : 아마 불세출 팀들하고 술 한 잔 먹으면서 얘기
했던 게 바로 "불세출 후원회를 잘 활용해라. 우리가 할
수 있는 일은 정말 우리의 네트워크와 인맥으로서, 여
러분들이 공연할 수 있는 기회를, 시간과 장소를 만들
어 주는 역할을 하는 게, 그런 연결을 시켜 주는 게 후
원회 각 멤버들의 역할이 아니겠는가"라고 말했던 기
억이 나구요.

　그러면서 저도 역시 사실은 실세가 아니죠. 하라

는 대로 합니다. 총무님이 시키는 대로. 뒤풀이 진행 하라면 진행 하고, 술 사라고 하면 술 사고. 거의 이런 수준이기 때문에 후원회에서 어떤 역할을 한다기 보다는 제일 많이 하시는 분들은 회장님, 총무님, 홍보수석님. 삼인방이 다 알아서 하고 계세요.

저 같은 경우에는 "이분들의 역할이 참 대단하시구나" 감동적으로 느끼고 있고. 그러면서 사실은 불세출 친구들이 꼭 정말 뭐 티켓 한 장에 20만 원 짜리 정도 했으면 좋겠어요. 왜냐하면 제가 어느 칼럼을 보니까 그게 나오더라고요. 20만 원 짜리를 7만 원으로 DC 하면 절대 더 안 온대요. 무슨 얘기냐 하면 20만 원 짜리가 된다는 걸, 정확하게 본인의 값어치를 알고 정말 프로 의식을 갖고 있는 친구들이 되었으면 좋겠다고 생각하구요. 근데, 20만 원 짜리가 되려면 공짜가 없겠죠. 정말 노력을 많이 해야 하고, 혹독하게 노력을 해야 한다고 생각을 합니다.

예술이라는 걸 10년 남자들끼리 하는 게 굉장히 어려울 텐데, 맨날 싸운다고 하면서도 같이 있는 걸 보면, "이 친구들 참 멋있다"하는 생각이 들었고.

음악 자체가 굉장히 클래식이라기보다는 동시대적인 음악이라고 들렸어요. 그래서 "어, 멋있다". 악기는 국악기지만 음악을 하는 거 자체가 창작을 하고, 즉흥적인 음악을 한다는 게 너무나 색다르게 다가왔었는데, 그런 면에서 봤을 때 예술은 여러분들 다 아시다시피 세상에 보내는 메시지잖아요. 메시지라는 게 결국 우리 사회를 치유하고, 정서를 바꿔 주는, 문화를 바꿔 주는 인문학이고, 철학이고, 시가 다 나오는 거잖아요. 그런 사람들이 여러분들이니까, 여러분들은 좀 어려운 음악을 하면서 대중을 이끌어 갈수도 있고, 대중에게 친화적으로 하면서 유혹도 해야겠죠. 그런 걸 하려면 변화를 가져가야 할거구요.

변화를 가져가야 할 필요도 있다고 생각하는 게, 너무나 똑같은 걸 고집한다는 게, 고집은 있어도 되지만, 저도 역시 같은 일을 30년 동안 하면서 보면, 변화하지 못 하면 또 도태되기도 하더라구요 너무나 천편일률적으로 하면, 도태되기도 하더라고요. 그런 것을 위기라고도 얘기하는 거죠. 위기는 바로 위험과 기회도 있잖아요. 그렇게 봤을 때, 변화에 도전 할 수 있는 그런 나이기도 하고. 그런 역량을 충분히 갖춘 분들이라고 생각하기 때문에, 그런 걸 믿고 저희는 저희 후원회는 송현민씨도 말씀 하셨지만. 조금 더 친해지려고 해요. 친해지고 싶어요. 친해진다는 게 무슨 얘기냐 하면 마냥 좋아하는 것만은 아닐 거예요. 문외한이긴 하지만, 던지는 거지, 뭐. "좀 뭐 하면 안 되겠니?" 그 뒤로부터 제가 말도 편하게 하겠다고 그런 얘기 했었어요. 후원회의 말들이 조금이라도 도움이 되어서, 정말 이 세상을 끌어 나갈 수 있는 훌륭한 예술가들이 되었으면 좋겠다는 바람입니다.

송현민 : 뉘앙스는 시키는 일만 하는 마당쇠 같았는데, 회장님 포스로 젤 장시간 말씀하시네요(웃음).

이준 : 지금 말씀 하시는 것 들 중에서 다들 "후원회를 잘 이용해라" 이렇게 말씀들을 하시는데, 저희가 뭔가를 이용할 줄 아는 힘이 있는 사람들이었으면 이거 보다 더 잘 나가고 있었을 겁니다. 저희 처음엔, 국악방송 피디 분들이 엄청 저희를 밀어주려고 했었고. 하지만 그분들도 저희한테 이렇게 하라고 정확하게 이야기를 못 하잖아요. 저희가 잡아야 해 주실 수 있는 거였는데, 그 잡는 걸, 다른 분들이 보시기엔 엄청 간단한 일이지만, 저희들에겐 그게 너무 어려운 거죠.

"우리가 못 나가는 건 우리가 곡이 부족하기 때문이야. 우리가 열심히 해야지." 이런 식으로 생각을 하는 뇌를 갖고 있는 사람들이라서, 어려운 게 커요.

제가 농담으로 얘기 했지만, 사업을 하는 사람들은 "월급을 주세요!" 얘기를 하잖아요. 약간 다른 사람들한테 말도 안 될 수 있는 어떤 걸 계속 주장을 하고, 그걸 감언이설을 해서 월급을 주게끔 하잖아요. 자기가 원하는 바를 위해서 어떻게든 하더라고요. 근데 저희 같은 경우는 그렇게 말을 하고, "그렇죠, 말이 안 되죠. 아이, 맞아요 하하하." 하고 끝나니까. 이렇게 살아 왔어요, 10년 동안. 저희는 그렇게 해 왔어요.

배정찬 : 준이한테만 월급 좀 주세요.

■ **불세출과 후원회 – (2)후원회가 있기에 보릿고개도 문제없다**

송현민 : 아니 근데 후원이라는 게, 이제 영어로 말하면 패트런이잖아요. 근데 또 다르게 번역하자면 정원처럼 후원이라고 하잖아요. 뒤뜰, 백 야드. 저는 그런 의미를 부여하고 싶어요. 이 단원들이 지금은 악단에 들어가지만, 나중에 다들 교직에 들어갔을 경우에는 이 단원들이 모여서 불세출 여름 음악학교, 이런 것도 할 수가 있는데 그런 여러 가지 프로그래밍에 대해서 같이 워크숍도 좀 하고 하면서, 예를 들어서 불세출과 후원회가 함께 하는 보릿고개 같이 넘기 프로젝트를 하고. 티켓을 아까 20만 원 하셨잖아요? 40만 원 해 가지고, "봐라, 우린 보릿고개가 와도 후원회 서른 명이 티켓 40만 원짜리 한 장씩 산다." 이런 거 얘기 하면, 뭔가 기자들도 와서, 뭐 이게 그런 걸 이슈가 될 거 같기도 하고.

이런 식으로 좀 재밌는 이벤트도 좀 만들고, 해프닝으로 그친다 할지라도 1~2월 달에 그렇게 해 가지고 해도, 충분히 이런 이슈가 뭔가 다른 앙상블의 생존에 시사점을 줄 거 라고 생각을 하거든요.

배정찬 : 보릿고개 프로젝트 괜찮은데, 딴 팀들도 다 끌어와서, 다 힘드니까.

김용하 : 말을 하다 보면 뭐가 나오는구나.

송현민 : 이게 對 사회적인 메시지도 주는 게, 지금 세대 간의 갈등이 크잖아요. 국악계도 그런데, 아래 세대는 위 세대를 안 믿고, 위 세대는 아래 세대를 누르는 입장인데, 이렇게 작게나마 국악 판에서라도 후원회분들도 어떻게 보면 어르신들, 선배님들인데. 이런 식으로 이용을 해 가지고, 뭔가 따뜻한 훈훈한 스토리텔링 하는 것도 나름대로 국악을 이용한 對 사회적인 발언일 수 있으니까요. 이왕 부를 거면, 50만 원 씩 불러도 되잖아. 돈화문 국악당 하나 빌려서.

김지인 : 후원회랑 할 건 굉장히 많은데, 누구하고 논의를 하며, 그걸 누가 실행을 하느냐의 문제죠. 여러 얘기를 해 왔었는데요. 자기들이 하는 일이 있고, 쳐 내야 될 일들이 있으니까 장기적인 기획이나 새로운 기획은 밀리는 거죠. 새로 하려면 시간 등 투자가 필요하잖아요.

우리가 올해 10주년 준비 하면서 연주회, 음반, 책도 준비하는데, 지금 시험준비로 한 달을 통째로 빼야 되요. 굉장히 좋은 일이지만 우리가 계획했던 일들이 단원들의 개인적인 스케줄이나 상황 때문에 계속 영향

을 받는다는 거죠. 또한 우리가 그걸 컨트롤할 권한이 없어요. 말씀하신 기획을 같이 한다 해도, 예를 들어서 현실적이진 않았는데 "명상음악을 만들어 보자" 얘기를 한 번 했는데, 반응이 없으니까 1년에 몇 개라도 나올 수 있겠는지, 1년 안에, 2년 안에, 3년 안에 될지 감이 없는 거예요.

송현민 : 불세출의 여러 의견을 모아 주는 하나의 소통 창구가 있어야 되고 여기에서도 소통 창구가 있어야 해요. 후원회는 다 모아져 있는데, 회장님이나 총무님. 근데 불세출은 이거에 대한 소통 창구가 지금 없는 거예요. 때로는 후원회가 이렇게 여덟 명을 다 놓고 한 명 한 명 따로 설득을 할 때가 있는데, 그런 점에 있어서 불세출이 10주년 이라고 했을 때, 음악이 안 나오는 문제 이런 것도 되게 중요하거든요. 그런데 이런 운용, 혹은 운영에 대한 메커니즘을 조금 개선 해야 되는 문제가 사실 필요하구요. 근데 불세출의 분위기로는 기획자가 할 필요는 없을 거 같아요. 여긴 왜냐하면 여긴 약간 동료 체제니까요. 용하씨가 "우리 아무리 바빠도 한 달에 하나 이거 하는 것은 후원회랑 시간을 좀 비워 놓자" 이건 언제 어떻게 들어올지 모르니까. 이런 어떤 여백 같은 걸 좀 미리 약속을 해 놓는다면, 사실은 양측이 나가는 속도나 그런 건 무리는 없을 거 같거든요. 근데 음악적으로 부딪히는 건 사실은 멋있는 거예요. 음악가들

이 모였으니까. 근데 이런 기획과 운영에 있어서 부딪히는 건 사실은 약간 좀 30대 초중반을 넘은 남성 집단으로서는, 어떻게 보면 이것도 중소기업이잖아요, 그런 점에 있어서 조금 미흡하고 부족한 게 보이니까 (아쉽죠).

이준 : 악단에 저희가 희박하긴 하지만, 만약 저희 셋도 들어가면 더 운용하기가 힘들어지겠네요.

송현민 : 그 땐 멋있는 프로그래밍으로 가야 되는데, 아무튼 그런 여러 가지 문제들이 있습니다.

이준 : 불세출을 계속 하기 위해서 악단에 들어가고 싶은 거고, 지금은 악단에 있는 친구들도 불세출을 즐겁게 하기 위해서 악단을 열심히 다니고 있는 건데. 사실 불세출로 더 신나게 하려면 안 들어가는 게 더 재밌을 거고, 더 많은 일을 할 수 있고 해외 투어도 오래 갔다 올 수 있고. 지금은 말이 안 되잖아요. 악단에 있기 때문에 지금은 불가능하잖아요.

박제헌 : 악단보다도 가정이 생겨서 그래.

배정찬 : 그럼 다 떨어지고, 다 잘리고, 다 이혼하고 하면 되겠네(웃음).

송현민 : 이런 사람이 대통령이 되어야 되는데. 내가 잘못했으니까 관두겠다(웃음)!

이준 : 가정도 생각해야 하는구나.

김용하 : 난 상관없다고 봐.

■ 불세출과 후원회 –
(3)서로가 적극적이어야 한다

김지인 : 소통 창구가 하나 있어야 해요.

김용하 : 그거는 골라서 하시면 되요

송현민 : 여기서 여덟 명이 한 명을 골라서, "얘를 막 굴리십시오"라는 이런 허가증을 줘야 일이 되는 거라니까요. 만약에 일을 할 때, 이 친구는 우리의 의견을 대표하는 친구니까 우리도 사실 좀 미안한 마음으로 뽑았으니까, 이 친구가 이거 땜에 레슨을 한 명 덜 할 수도 있다. 그러니까 이 친구한테는 약간의 소정의 어떤 활동비 같은 걸 보장해 주십시오. 이렇게 얘기 하면? 불세출이 지금 10주년에 있어서 이런 걸 해야 한다니까요. 난 그래서 준이씨가 저렇게 얘기하는 게, 5년 전에 이 자

리에서 얘기 했으면 "역시 이준은 대책이 없구나" 했을 텐데, 현실적인 음악가 인거 같아서 난 이준 다시 보고 있어요.

김용하 : 일단. 뭐라고 해야 하나? 어떤 일을 어떻게 추진해야 되는지, 그리고 어떤 식으로 얘기해야 하는지, 저도 방법을 몰라요. 사실 대표로서는 그런 이야기들을 기본적으로는 저랑 해야 된다고 생각을 하거든요. 총무님이든 회장님이랑 하든. 지금 서로가 그거에 대해서 "아, 이렇게까지 이게 필요성이 있었구나"라는 걸 지금 첨 느꼈기 때문에 메커니즘을 아직 몰라요. 그러니까 그런 건 지금처럼 알려주셔야 되는 거 같아요.

우리를 위해서, 우리를 홍보하기 위해서, 더 나아가기 위한 하나의 방법이었기 때문에 어떻게 진행해야 하는지를 모르니까 저도 답답해하고 있었고. 어쨌든 어떤 일을 얼마만큼 해야 하는지를 잘 모르겠어요. 얼마만큼의 시간을 할애해야 되는 거며. 잘 몰라요. 그걸 그만큼 투자할 가치가 있는 거면 알려 주셔서, 저랑 일단 조율 해 보시면 될 거 같구요. 더 잘 하는 사람도 있긴 할 거에요.

전우석 : 내 생각엔, 계산이 빠르고 칼 같아야 하는 점이 있어야 한다고 생각하거든. 사업의 문제는 돈과 관련이 된 게 많아서, 그게 빨라야 될 거 같은데, 1차적으로. 내

가 생각했을 땐 용하는 그게 좀 떨어져(웃음).

대신 용하는 저희들의 정신적으로 지주인 점은 있어요. 정신적으로 뭐가 같은 얘기를 해도 용하가 얘기하면 좀 더 수긍이 가는 신뢰가 있기 때문에 그래요. 그런 부분은 괜찮은데, 뭔가 계산이 들어간다 하면, 얘는 친구들한테 돈을 빌려 주고도 자기가 받을 때 약간 뭔가 머뭇 머뭇 해요.

김민근 : 지금까지 사실 미지씨가 없을 때나 바쁠 때는, 총무님이 용하 대표한테도 한번 물어보고, 제헌 총무한테도 물어보고, 그러니까 그걸 조율을 좀 했던 거 같긴 해요.

그게 무슨 소리냐 하면, 필요하다면 양쪽에 다 얘기 할 수도 있고, 필요하다면 더 많은 단원들한테 얘기할 수 있어요. 어느 단계로 딱 수렴하기 까지는 이리도 해 보고 저리도 해 보고 막 트라이를 해 보는 거니까. 그렇게 했을 때 가장 적정한 걸로 가는 거거든. 우리가 만난 게 작년 5월에 처음 만났는데, 만나서 서로 잘 모르는 상황에서 누구한테 어떻게 해야 할 지도 잘 모르고, 생각 차이도 많고, 후원회는 빨리 빨리 뭘 하고 싶은데도 약간 다른 일 땜에 안 될 때는 기다려 보기도 하고, 서로 조율을 하는 상황이거든. 그런 거는 설령 정하지 않더라도, 할 얘기가 있으면 아마 지금까지 해 왔던 거 처럼 할 거에요.

박제헌 : 정해주길 원하는 거 같은데요.

김민근: 정하고 싶으면 정하고, 여러분들이 알아서 하라 이거죠. 우리가 정해서 가는 거보단 불세출 안에서 정해서 알려주면 젤 좋고, 그걸 꼭 답을 오늘 밤에 내 놔라. 이건 아니다 이거지. 자연스럽게, 또 하다 보면 할 수도 있겠다 이거지.

김미지 : 기획적인 걸 같이 뭔가 해 나가데 있어서 창구가 없는 거잖아요. 그걸 답답해하시는 거 같아요.

김지인 : 2016년 6월에 덕수궁 공연 끝나고 처음 불세출 모든 단원들과 함께 뒤풀이 할 때, 용하 대표한테 우리가 "뭘 원해? 후원회에서 뭘 해 줄까?" 들이댔잖아요. 그 때, 불세출은 "왜 우리를?" 하는 정도의 생각을 가지고 그 자리에서 처음 나왔을 텐데. 대표는 "우리의 음악을 좀 더 많이 들어보시고, 우리하고 더 친해지세요" 그랬거든요. 저희는 후원회를 처음 결성할 때, "어 되게 잘 한다, 잘 됐으면 좋겠다". 회장님, 부회장님은 "장사익을 만들어야 된다, 개런티를 그 정도는 받아야지 먹고 살지" 그러면서 어떻게 하면 잘 될까, 잘 되는 데 도움이 되고 싶고, 인맥을 이용하든 경제적인 걸 이용하든, 어쨌든 되는 선에선 다 해 주고 싶은데, 어떻게 해줘야 해 줄지를 모르는 거예요. 뭘 바라는지도 모르겠

고. 그리고 해주고 싶고 좋아는 하지만, 우리가 그 쪽을 너무 몰라요. 그러니까, 아는 게 없으니까, 뭘 해야 될지도 모르겠고, 어떻게 해 줬으면 좋겠다라고 말을 해 줬으면 좋겠는데, 그리고 우리가 제안을 할 때도, 맞는 말인가 너무 모르니까, 현실도 모르고 "우리가 이런 말을 너무 막 던지는건가?" 생각을 하는 거예요. 얘기를 하면서도 어려운거죠.

김용하 : 자주 보시는 게 젤 좋을 거 같아요.

송현민 : 예를 들면, 아까 각자 생각하는 우주 음악 있잖아요. 어떤 공모나 이런 게 아니고 해 보고 싶은 음악, 이런 거 하면서 후원회 서른 명 모아 놓고, 우리의 음악이 진짜 내 개인적인 생각이지만 그래도, 내 한 명의 생각을 음악을 통해서 들어주고, 소개 할 수 있는 서른 명이 있다는 걸 세상에 막 자랑을 하면 되는 거예요. 그런 것들을 좀 하면 좋지 않을까?

이준 : 저 같은 경우에는, 좀 더 직설적으로 후원회에서 이렇게 하면 좋은 거니까, 이거 할래? 이렇게 얘기해 주길, 더 바라거든요. 대신 음악은 저희가 만드는 거고, 뭘 하라고 하셔도 저희의 순수성이나 주체성은 사라지지 않는 거잖아요

김미지 : 후원회에서 어떤 기획안을 던졌을 때 우리가 아이디어 회의를 같이 할 수 있는 자리가 생기면 좋을 거 같아요.

송현민 : 이 좌담회가 지금 180분이 흘렀는데, 초반 60분 동안 다들 어색했는데, 2부에 넘어와서는 조금씩 말문을 터요. 그 다음에 지금 이제 마음을 열잖아요. 근데 이렇게 마음을 열기까지 전제 조건이 지금 불세출 여덟 명과 후원회 몇 분이 세시간 동안 이 자리에 그대로 계속 앉아서 이야기를 섞는다는 전제가 있었기 때문에, 이런 이야기가 가능한 시간이 온 거잖아요. 이것도 하나의 워크숍인거죠. 음악만 없는 워크숍인거죠. 지금 큰일을 도모하기보다는 지금은 자꾸 만나서, 불만 혹은 무리한 요청 이런 게 오고 가다 보면, 좀 서로 친분이 생기고 고민 같은 것도 털어 내구요.

이준 : 여백의 시간을 잡는 게 참 중요하겠네요.

김용하 : 생각해 보니까, 처음에 총무님이 단톡방에 뭘 물어 보고 답변을 원하는 시간, 그게 우리가 서로 얘기하기에 빨라요. 너무 빨랐어요. 뭐냐 하면 저희 팀에서 가장 빠른 게 제헌인데요. 뭔가 퀘스쳔이 나가면 받아야 하는 시간과 결정하는 시간이 일단 저희가 체감하기엔 제헌이 조차도 전혀 따라갈 수 없는 속도이긴 해요.

저도 회전이 안 되고, "이게 뭐지? 어떻게 해야 하지?"라고 느낄 때가 많다는 이야기죠.

말씀 하신 대로 저도 좀 더 알길 원하고, 뭐가 필요한지 서로에 대해서 이야기를 해 보고, 저희도 또 물어 볼 수 있잖아요. 저희가 "여러분들이 더 뭔가 만족감 혹은 행복해 지려면 뭐가 필요합니까? 저희가 어디에 필요한가요?" 어차피 서로가 행복해 지려고 하는 거니까.

그런 것들을 서로가 정찬이와 장구 하시는 것처럼 악기도 좀 배우시고, 이런 음악적인 얘기도 하고, 저희도 여러분들의 사회적인 이야기들을 더 듣기도 하고 하겠습니다.

배정찬 : 안돼, 안돼. 장구만 10년 걸려.

김용하 : 이런 독재가 시작되면 안 돼. 그리고 술을 좀 덜 드시란 말이에요.

그런 시간 좀 더 가졌으면 좋겠습니다. 많은 정보 주시면 저희도 고민 많이 하겠습니다.

송현민 : 세시간 넘게 모두들 고생 많으셨습니다.

부록

- 알아두면 국악 감상에 도움이 되는 용어들   송현민
- 추천 국악 음반   송현민
- 불세출 후원회 '불나비' 소개

알아두면 국악 감상에 도움이 되는 용어들

ㄱ

경토리 : 서울·경기의 '창부타령'과 같은 음악적 특징을 말하는 것이다. 경조 또는 창부타령토리라고도 한다. 대표적인 곡으로 '아리랑', '창부타령', '노랫가락', '휘몰이잡가' 등이 있다.

계면조 : 선법의 하나로 '평조'와 대비되는 말이다. 주로 판소리·산조·민요 등의 악곡에서 슬픈 곡조를 뜻하는 용어로 사용된다.

구음 : 악기에서 나는 소리의 의음(擬音)을 통해 주법, 수법, 취법 등을 표현한 소리다.

구음장단 : 악기의 소리를 흉내 낸 입소리를 구음이라고 하는데, 이러한 구음으로 이루어진 장단이다. 장구의 경우 자진모리 구음 장단은 /덩-더/궁-덕/궁덕-/이며 이외에도 여러 가지가 있다.

귀곡성 : 귀신이 곡할 때에 내는 소리라는 뜻이다. 사람이 흉내 낼 수 없는 신비한 소리를 가리키기도 한다. 송흥록의 '춘향가' 중 옥중가의 귀곡성이 대표적이다.

겹궁 : 북이나 장구 연주법의 하나로 북 또는 장구의 북편을 왼손이나 궁채로 연속하여 겹쳐서 치는 것을 말한다. 구음으로 '구궁' 등이 있다.

ㄴ

눈대목 : 판소리에서 예술적으로 완성도가 높거나 대중적으로 널리 알려져 명창들에 의해 자주 불리어지는 대목이다.

ㄷ

다스름 : 다스리는 음을 뜻하는 용어로 악곡을 합주하기 전에 서로 호흡, 한배, 음률을 조화시키기 위해 연주하는 곡이다.

대점 : 악기를 연주 할 때 매우 세게 치는 것. 악기마다 대점을 하는 자리나 연주법이 다르다. 소리북에서 대점을 치는 자리는 북채로 진양조의 제3각(온각)에서 강타하여 맺으므로 '온각자리'라고도 한다. 거문고의 경우

는 술대로 강박에서 줄을 세게 내리 타는 수법을 말하고, 소리북에서 북통의 꼭대기 중앙부분을 강하게 쳐서 맺어주는 결박을 뜻하기도 한다.

도드리 : 반복의 뜻으로 어떤 가락을 되풀이 하는 것을 뜻한다.

단가 : 판소리를 부르기 전에 목을 풀기 위하여 부르는 짧은 노래다. 내용은 주로 중국 고사나 명승고적 및 인생 감회를 담고 있으며 장단은 중모리 장단이 대부분이다. '진국명산', '장부한', '소상팔경', '만고강산', '호남가', '강상풍월', '죽장망혜', '편시춘', '고고천변', '운담풍경' 등이 있으며, 악기와 함께 병창으로 부르기도 한다.

드렁갱이 : 경상도, 강원도, 동해안지방 무가에 쓰이는 장단의 하나이다. 전체 3장으로 되어 있는데 초장은 매우 빠른 장단이고, 2장은 초장보다 느리며, 3장은 빠른 장단에 해당한다. 서낭굿, 산신굿 같은 것에서 춤의 반주로 쓰인다.

된목 : 아래로 내려오지 않고 상성으로만 내는 소리

대취타 : '무령지곡'이라고도 하는데, 임금의 거동, 현관들의 행차, 군대의 행진이나 개선 등에 사용되었다.

메기고 받는 소리 : 한 사람이 앞소리를 메기고 뒤따라 여러 사람이 뒷소리를 받는 가창 방식의 하나다. 주로 민요에서 많이 나타난다. 중간에 샛소리(사이소리)가 나타나기도 한다.

발발성 : 너무 지나치게 잘게 떠는 소리

방울목 : 방울 모양이나 그 소리처럼 둥글게 굴려 멋을 내는 소리

범피중류 : 판소리 '심청가'에서 불리는 한 대목으로 심청이가 인당수에 빠져 가라앉지 않고 떠내려갈 때 주위의 경치를 읊은 노래이다. 진양조로 구성되어 있다. '수궁가'에서 자라가 토끼를 데리고 수중궁궐로 들어가는 대목에도 나온다.

서편제 : 섬진강 서쪽인 광주, 나주, 보성 등지에서 불리어지던 판소리의 소리제이다. 음악적 특징으로는 비교적 계면조를 많이 쓰고 발성법을 가볍게 하며 소리의 꼬리를 길게 늘이고 정교한 시김새로 짜여 있다. 대표적

인 명창으로 박유전, 아닐치, 김채만, 정창업 등이 있다.

설렁제 : 판소리 소리제로 창자가 높은 소리로 질러 호령을 하다가 차차 아래로 하강하는 가락의 특징을 가리킨다. 판소리에서 군로사령, 뱃사람, 사냥꾼 등이 거들먹거리며 호기 있고 크게 외치는 장면에 쓰인다.

수성가락 : 피리, 대금, 거문고 등의 악기로 노래를 반주할 때 노래 소리를 따라서 반주하는 가락을 뜻한다.

산조 : 남도소리의 판소리 가락을 장단이라는 틀에 넣은 기악독주음악이다. 조선말기(19c)에 발생하였다. 진양으로 시작하여 중모리, 중중모리, 굿거리, 엇모리, 자진모리, 휘모리, 단모리(세산조시) 등의 장단으로 이어지면서 점차 그 속도가 빨라지는 구조다. 일반적으로 장구반주가 따른다. 가야금, 거문고, 대금, 해금, 아쟁 산조등의 순서로 발생하였다

서도민요 : 평안도와 황해도를 중심으로 불리는 민요의총칭이다. 황해도 지방의 '산염불', '난봉가', '몽금포타령', '배꽃타령' 등과 평안도 지방의 '수심가', '긴아리', '영변가' 등이 있다. 주로 수심가토리로 되어 있다.

시조 : 시조시를 노랫말로 부르는 노래로 시조창, 시절단가, 시절가라고도 한다. 3장 형식으로 되어 있으며 장단은 5박과 8박으로 이루어져 있다. 지역에 따라 경제와 향제로 나뉜다.

삼채 : 징의 점수대로 일런의 숫자를 매겨 치는 채굿가락에서 매 마루마다 징을 3점씩 치는 장단 가락이다. 세마치 또는 덩덕궁이라고도 한다. 느린 것은 긴삼채 또는 느진 삼채, 빠른 것은 된삼채, 자진삼채 또는 반삼채라고도 한다.

수리성 : 약간 쉰듯하면서도 청아한 소리

삼현육각 : (향)피리 2개와 대금, 해금, 장구, 북이 각각하나씩 편성되는 연주형태로 무용 반주 시 많이 쓰이며'대풍류'라고도 한다.

삭대엽 : 전통 가곡의 원형 가운데에 가장 빠른 곡을 뜻한다. 가곡의 원형은 '만대엽', '중대엽', '삭대엽'이지만이 가운데 속도가 느린 '만대엽'과 '중대엽'은 조선 중기에 부르지 않게 되어 사라졌다. '삭대엽'만 남아 여기에서 현재의 가곡 한바탕을 이루게 되었다.

성주풀이 : 성조신을 기리는 노래로 성조풀이라고도 한다. 성조왕신과 성조부인은 집터를 맡은 신으로, 조상들은 이 신이 가옥의 건축이나 일문일족의 번영 등 집안의 복과 덕을 다스린다고 믿었다.

연음 : 소리를 이어간다는 뜻이다. '수제천'과 같은 기악곡에서 주선율을 이어 연주하는 방법을 뜻하기도 한다.

육자배기토리 : 전라도 민요 '육자배기'와 같은 음악적 특징을 말하는 것으로 육자배기조라고도 한다. 굵게 떠는 소리, 꺾는 소리, 평으로 내는 소리 등으로 이루어져 있으며 보통 평으로 내는 소리로 마친다. 육자배기조로 된 곡은 '육자배기', '강강술래', '농부가', '진도아리랑', '둥당개타령', '홍타령', '새타령' 등이 있다.

육채 : 징의 점수대로 일련의 숫자를 매겨 치는 채굿에서 매 마루마다 징을 6점씩 치는 장단 가락이다. 여섯마치라도고 한다.

엮음 형식 : 먼저 긴 소리를 한 다음에 마치 구성지게 책을 읽어 나가듯이 긴 사설을 한참 엮어 나가다가 끝에 가서는 원곡을 길게 늘어 뜨려 부름으로써 매듭짓는 형식이다. 엮음 형식에 민요에 등장하는데, 반드시 긴소리와 엮음소리가 짝으로 이룬다. 그 예로 '수심가-엮음수심가', '강원도 아리랑-엮음 아리랑', '긴 난봉가-사설난봉가', '공명가-사설공명가' 등이 있다

중고제 : 경기도와 충청도 지방에서 불리던 판소리 소리제이다. '조선창극사'의 대가닥조에서 처음으로 동편제·서편제·중고제 등을 구분했다. 음악적 특징으로는 평조로 평탄하게 부르는 대목이 많으며, 서편제에

비해 우조·평조의 쓰임이 많고 비교적 빠른 장단을 사용하는 것이 특징이다. 대표적 명창으로는 염계달, 김성옥, 김정근, 김창룡, 이동백 등이 있다.

자진육자배기 : 긴육자배기와 짝을 이루어 부르는 전라도 민요이다. 긴육자배기는 진양조, 자진육자배기는 세마치장단을 타고 부른다. 보통 '보렴', '화초사거리', '육자배기', '홍타령'의 순서로 부른다.

정선아리랑 : 강원도 정선 지방의 민요로 '아라리', '아라리타령', '엮음 아리랑'이라고도 한다. 가락을 촘촘히 엮어 나가며 부른다. 반드시 장단이 느린 '강원도 아리랑'을 먼저 부른 다음 '엮음 아리랑'을 부른다.

청공 : 대금, 소금 등 관악기의 구멍 중 하나이다. 이 구멍에 갈대 속에서 나오는 부드럽고 하얀 얇은 막을 대는데 이를 순우리말로 '청'이라고 하므로 '청을 댄 구멍'이라는 뜻으로 청공이라 한다.

청성 : 맑은 소리, 특히 높은 소리를 의미한다. 표준 음역의 음인 정성보다 1옥타브 높은 음역의 소리를 청성이라 한다. 청성에 해당하는 소리는 한자 원편에 'ㅺ'(삼수 변)을 붙여서 표현한다. 상성·중성·탁성의 구분은 단순한 높낮이의 구분이고, 청성·정성·탁성의 구분은

소리의 맑고 탁한 정도에 따른 구분이다.

청성자진한잎 : 대금·단소 등의 관악 독주곡의 하나다. 청은 '높다'는 의미이고 자진한잎은 가곡을 가리킨다. 청성자진한잎의 가락은 현행 가곡 중 '태평가'의 선율을 2도 높게 이조한 뒤, 다시 옥타브 위로 올린 후 변주시킨 것이다.

창부타령 : 서울지방 굿노래의 하나다. 굿에서 광대 귀신을 청해놓고 노는 소리로서 복을 빌며 굿거리장단에 맞추어 무당이 혼자서 부른다. 경기민요의 하나이기도 한 이 곡은 원래 노랫가락과 함께 무당들이 부르던 무가가 통속화되어 경기민요의 대표적 노래가 되었다.

취타 : 군대의식음악의 하나인 '대취타'를 관현합주곡으로 편곡한 곡이다. '대취타'의 태평소 가락을 장 2도 올려 조옮김했고 약간의 변화를 주었다. 이 가락을 '취타'의 주요 가락으로 삼는다. '대취타'는 행군음악인데 반해 '취타'는 피리, 대금, 소금, 해금, 아쟁, 거문고, 가야금, 좌고, 장구 등의 관현악기로 편성되어 궁중연향에 사용되었다.

판소리 : 한 사람의 차자가 고수의 북장단에 맞추어 긴 서사적인 이야기를 소리와 아니리로 엮어 발림(너름새)을 곁들이며 구연하는 성악곡이다. 현재 '적벽가', '심청가', '춘향가', '흥부가', '수궁가' 등 다섯 마당을 중심으로 전해지고 있다.

푸너리 : 경상도, 강원도, 동해안 지방 굿에 쓰이는 장단의 하나로 빠른 2박과 4박으로 되어 있다. 푸너리 장단에는 복잡한 구성을 갖는 갖은푸너리와 비교적 간단한 민푸너리가 있다. 비중이 큰 굿에서는 갖은푸너리를, 일반굿에서는 보통푸너리를 한다.

허튼타령 : 삼현육각으로 연주하는 음악이다. 선율은 타령형 선율이나 '허튼'이라는 말처럼 일정하지 않다. 해서(海西)탈춤, 산대놀이의 주요 반주음악으로 쓰인다.

추천 국악 음반

김효영 2집 '두 번째 환생-향가' (2012년 Sony Music 발매)

김효영은 한마디로 잘 나가는 생황 연주자이다. 평론가로서 누군가가 그녀의 매력을 묻는다면 '생황 음악'이 '생활 음악'이 되게 하는 것에 있다고 답하고 싶다. 그만큼 대중적 취향을 많이 녹여 넣는다. 그러면서 연주자로서의 뚝심도 잊지 않는다. 제목을 보자. '두 번째 환생-향가'라 적었다. 생황은 그 연주법과 곡목이 단절된 악기다. 그래서 '환생'이라는 말이 더욱더 와 닿는다. '환생'을 위해 네 명의 작곡가가 수고했다. 김효영과 떼려야 뗄 수 없는 작곡가 박경훈이 세 곡을, 그 외 조원행, 김대성, 김성기가 생황을 위해 작곡했다. 생황의 소리? 볼륨을 높이 켜면 찬란하고, 나지막이 공기 중에 띄우면 사금파리처럼 얌전히 빛난다.

※ 수록곡

'서동요'(박경훈 작곡, 생황·단소·25현 가야금)
'혜성가'(박경훈 작곡, 생황·25현 가야금·첼로·
　　피아노)
'제망매가'(조원행 작곡, 생황·피아노)
'처용'(김대성 작곡, 생황·25현 가야금·첼로)
'찬기파랑가'(박경훈 작곡, 생황·첼로·피아노)
'생황이야기-헌화가'(김성기 작곡·생황)

현재 국립국악원 창작악단에서 피리 주자로 활동 중인 진윤경은 엘리트 음악가이다. 왜? 이론과 실천, 역사와 현재를 모두 갖춘 양수겸장의 율객(律客)이기 때문이다. '피리, 실크로드를 만나다'는 그녀의 세 번째 음반. '둔황', '구자', '카슈가르', '파미르', '투루판', 다섯 곡이 실려 있는데, 곡명이 곧 실크로드의 지명인 셈이다. 그녀가 음악을 만든 과정은 이렇다. 피리의 역사가 담긴 문헌을 뒤진다. 그 기원을 상상해보고, 그 시공간으로 발걸음을 옮겨본다. 그리고 그곳에 남아 있는 과거의 음악들을 찾아 헤매며 현지인과 부딪힌다. 그리고 이 체험들을 토대로 곡을 쓴다. 머리-가슴-발의 삼위일체. 그래서 이 음반을 듣다보면 눈앞에 피리의 기원지인 실크로드의 풍경이 진하게 펼쳐진다.

※ 수록곡

'둔황-사막의 기억'(피리·기타·타악)

'구자-강하수'(생황·피리·양금·타악)

'카슈가르-실크로드의 사람들'(피리·첼로·바
    얀·타악·타블라)

'파미르-위대한 산을 마주하다'(피리·첼로·바
    얀·타악)

'투루판-타오르는 땅'(생황·바얀·타블라)

꽃별 5집 '숲의 시간' (2011년 포니캐년 발매)

여섯 장의 앨범을 낸 해금 연주자 꽃별의 다섯 번째 음반이다. 음반명은 '숲의 시간'으로, 열두 곡이 수록되어 있다. 열두 곡의 제목은 다음과 같다. 제목만으로도 '숲의 시간'이라는 단어가 주는 이미지가 확 다가온다. 해금도, 말도, 글도 잘 쓰고, 라디오 진행도 기가 막힌 꽃별은 참으로 싱그러운 사람이다. 하여, '꽃별'하면 '싱그러움'이 떠오르고, 그 특유의 '싱그러움'을 가장 잘 담고 있는 음반은 뭐니 뭐니 해도 '숲의 시간'이 아닐까 싶다. 사람을 닮은 소리란 이런 것일 거다.

※ 수록곡

'소나무 그늘'

'운무(雲霧)'

'비 그치는 소리'

'쉬'

'연(戀)'

'월하정인'

'기다림'

'그리움은 별이 되다'

'빈자리'

'초수대엽(初數大葉)'

'푸르른'

'바다새, 바다에 잠들다'

황병기 3집 '미궁' (2001년 C&L Music 재발매)

다섯 번 들으면 죽는다, 화장실 환풍기에 스피커를 대고 이 음악을 틀면 층간소음의 주범인 위층의 이웃은 며칠 내에 이사를 간다 등등 '미궁'을 둘러싼 소문은 다양하다. 가야금 연주자이자 작곡가 황병기의 '미궁'은 1975년 현대음악제에서 발표된 곡이다. 이 앨범은 1993년 성음사에서 발매한 것을 재발매한 것이다. 황병기의 가야금이나 노래를 부르는 현대무용가 홍신자, 모두 '정상'이 아니다. 기존에 우리가 알고 있는 국악의 기준치에서 한창 벗어난 이 곡은, 그래서 창작국악이라는 바다에 떠 있는 이상한 섬과 같다. 섬뜩하다. 괴기스럽다. 다 듣지 못한다. 그래서일까. 마치 놀란 가슴을 달래주기라도 하듯 평안한 느낌의 노래곡 '국화옆에서'와 대금과 거문고 이중주곡 '산운(山韻)'이 함께 수록되어 있는 것 같다.

※ 수록곡

'미궁' (가야금 · 목소리)

'국화 옆에서' (작시 서정주/남창 · 대금 · 거문고 · 장고)

'산운' (대금 · 거문고)

박민희 가곡 한바탕 '사랑거즛말이' (2012년 악당이반 발매)

가객 박민희의 첫 음반이다. 두 장의 CD에 열다섯 곡의 전통 가곡 한바탕(전곡)이 담겨 있다. 이 음반의 특징은 전통 안에서 아기자기한 변화들을 주어 음악적 재미를 꾀하고자 한 것에 있다. 음반의 전반적인 색채는 기다림과 그리움, 그리고 그에 관한 사랑의 담담함이다. 이러한 분위기를 연출하기 위해 기존의 흐름 대신 하나의 서사 구조를 지닐 수 있도록 순서를 재배치했고, 반주악기 편성 역시 달리 하여 듣는 이의 심상에 그 노래가 차분히 가라앉도록 했다. 가곡반주로 사용하지 않는 악기인 생황을 사용하기도 한다. 다시 말해, 전통을 흔들지 않는 가운데, 작은 변화로 큰 효과를 노리고 있다.

※ CD1 수록곡

'우조 이수대엽-동짓달', '우조 중거-청조야', '우조 평거-어져내일이여', '우조 두거-한숨은', '반우반계 반엽-남하여'

※ CD2 수록곡

'계면조 이수대엽-언약이', '계면조 중거-꽃보고', '계면조 평거-사랑거즛말이', '계면조 두거-뒷메에', '계면조 평롱-북두칠성', '우조 우락-유자는', '반우반계 환계락-사랑을', '계면조 계락-바람도', '계면조 편수대엽-대인난', '계면조 태평가-이랴도' (여창·가야금·거문고·대금·단소·피리·생황·해금·양금·장구)

음악보다 오디오의 음질과 품질을 즐긴다면, 이 음반을 들어보라. 대금 연주자 홍종진이 녹음한 '자진한잎'과 '만파정식지곡'이 수록된 음반이다. '자진한잎'은 가곡을 노래 없이 연주하는 삼현육각 편성으로 대금·피리·단소 등의 독주, 혹은 다른 악기와 병주(두 악기로 연주하는 것)하는 곡이다. '만파정식지곡'은 군영에서 사용하는 군악(軍樂)계통 악곡으로 삼현육각 편성의 관악합주곡을 일컫는다. 두 곡 모두 좋은 숨결로 빚은 훌륭한 연주인데, 이 소리의 맛이 담긴 그릇이 슈퍼오디오 CD라서 더욱더 귀하게 느껴진다. 슈퍼오디오CD는 최상의 고음질 방식으로 만든 음반이다.

※ 수록곡

'경풍년 평조두거'

'경풍년 변조두거'

'염양춘 계면두거'

'수룡음 농'

'수룡음 계락'

'수룡음 편'

'취타'

'절화'

'일승월항'

'금전악'

'군악'

정민아 1집 '상사몽' (2006년 Sony 발매)

국악 음반을 소중한 이에게 선물한다고 치면 정민아의 '상사몽 모던가야금'을 선물해보자. 그 마음이 전달될 것이다. 한양대 국악과를 졸업한 정민아는 가야금을 연주하는 싱어송라이터이다. 지금은 4집 앨범을 낸 고수지만, 지금처럼 뜨기 전에 그녀는 낮에 전화 상담원으로 일했고, 밤에 홍대의 여러 카페와 공연장을 전전했다. 그러면서도 자신만의 노래를 지어 불렀다. 가야금과 함께. 그래서일까. 삶에서 건져 올린 '느낌'은 그녀의 음악에서 중요한 키워드다. 1집 '상사몽 모던가야금'은 국악과 국악계를 전혀 신경 쓰지 않고 부르고 싶은 노래들을 담은 듯 하다. 그 자유로움에 취한 이들이 너도나도 정민아를 따라 하기도 했다. '무엇이 되어'는 언제 들어도 좋은 불후의 명곡이다.

'무엇이 되어'

'바람부는 창가에서'

'새야새야'

'상사몽'

'노란샤쓰의 사나이'

'미나탱고'

'로봇일기'

'Lullabay of Birdland'

'뱃노래'(노래 · 가야금 · 해금 · 첼로 · 아코디온 등)

국립국악원 생활음악 시리즈 16집 '국악으로 듣는 크리스마스 캐럴'

국립국악원은 '생활 속의 우리 국악'이라는 목표로 생활음악 시리즈 음반을 만들고 있다. 의식음악, 수양음악, 세시 풍속 절기음악, 명상 요가 음악, 신호음악, 배경음악, 교육용 음악 등 여러 '생활'에 사용하면 좋을 '국악'들을 선별하여 음반으로 기획한다. 열여섯 번째인 이 음반에는 작곡가 박경훈, 류형선, 김기범, 김대성, 이정면, 양승환, 계성원 등이 참여하여 크리스마스 캐럴을 국악기 버전으로 편곡했다('모두에게 메리 크리스마스'만 류형선이 작곡·작사했다). 아이부터 어른까지 그 누구나 따라 부를 수 있는 노래들이, 크리스마스의 분위기와 함께 타고 나올 때 모두들 이 음악들을 신기해한다. 문제는 감상 이전에 구비하는 것. 비매품이기 때문이다.

※ 수록곡

'축하해요 기쁜 성탄', '저 아기 잠이 들었네'(박
  경훈 편곡)
'그 어린 주 예수'(류형선 편곡)
'루돌프 사슴코', '창밖을 보라'(김기범 편곡)
'첫 번째 크리스마스', '그 맑고 환한 밤중에'(김
  대성 편곡)
'기쁘다 구주 오셨네', '곧 오소서 임마누엘', '기
  쁘다 구주 오셨네'(이정면 편곡)
'징글벨', '마리아는 아기를'(양승환 편곡)
'고요한 밤 거룩한 밤', '거룩한 밤'(계성원 편곡)

세월초 3주기 추모음반 '미안' (2017년 악당이반 발매)

세월호 참사 3주기 추모 앨범이다. 망자들에게 보내는 '미안'이라는 말을 한문으로 조어한 '未安'을 보니 산자들이 마련해주지 못한 미완(未)의 안녕(安) 때문에 음반을 집어 드는 마음이 더욱더 무거워진다. 두 장의 CD로 구성되었다. 슬픔과 비장함이 서린 음악들이 1CD를 채운다. 슬픔에는 동·서양의 구분이 없다는 듯, 차이콥스키·라흐마니노프의 곡과 김일구류 아쟁 산조 등 눅눅한 눈물조의 음악들이 어우러진다. 2CD에서는 세월호 사건을 겪은 음악인들의 마음이 보다 직접적으로 표현된 국악창작곡들을 만날 수 있다. 음반 판매 수익은 전액 희생자 가족에게 전달된다.

※ 1CD 수록곡

'청성자진한잎'(대금), 차이콥스키 '뱃노래'(피아노), 라흐마니노프 '보칼리제'(바이올린·피아노), 김일구류 아쟁 산조 중 진양, 브람스 '4개의 엄숙한 노래'(바순·피아노)

※ 2CD 수록곡

'안녕 내 친구야'(작곡·작사·해금·노래:성연영, 편곡·피아노:최희영, 첼로:이길재), '팽목항의 봄'(작곡:Iwasake Daisuke, 편곡:채지혜, 연주: 아쟁컴퍼니 아로새김), 'Soar'(작곡·기타:박지은, 작곡·피아노:정수지), '소풍'(작곡·작사:장유진, 연주:사랑꾼밴드), '비가悲歌'(작곡·피아노:박경훈, 해금:안진성), '밤하늘 별빛들'(작곡:황호준, 작사:김민정, 최용석, 연주:판소리공장 바닥소리), '꿈'(작곡:현덕, 연주:도로시아), '어두운 새벽─홀(홀)'(구성:장재효, 연주:소나기 Project), '우리 다시 만날 때까지'(작곡:전우실, 연주: 난계국악단)

불세출 후원회 '불나비' 소개

불세출 후원회이자 팬클럽인 '불나비'는 2016년 5월 22일 결성되었다.

2016년 5월 21일, 함양 일두 고택에서 개최된 문화행사 참가자들은 그 행사에 초청된 불세출의 공연[1]을 관람하면서, 문화적 충격을 경험했다. 전통악기의 소리를 가장 잘 전달하는 구조인 우리 전통가옥에서 울려 퍼진 불세출의 음악은 방송이나 음반을 통해서 듣던 소리와는 다른 울림을 주었으며, 명인이나 신동 등으로 멀게만 느껴졌던 국악 연주자들이 가까운 거리에서 악기와 한 몸이 되어 열정적인 퍼포먼스를 보여주는 데 깊은 인상을 받은 것이다.

사회 각계 각층에서 활동하고 하면서 문화생활을 동경해 오던 참가자들은 그 날 불세출을 통해 국악이라고 하는 새로운 영역을 경험했고, 불세출이 지속가능한 활동을 유지할 수 있도록 힘을 보태자는 뜻을 모아, 서울로 돌아오는 버스 안에서 후원회 결성을 결정했다.

이후 후원회 준비 모임이 활발하게 진행되고, 주변의 지인들에게 불세출을 알리는 등 다양한 노력으로 결성 3개월만에 회원 100명을 모으는 성과를 거두게 되었다.

6월 초, 단원 전원과 첫 미팅을 한 '불나비'는 한편으로는 많은 공연을 관람하며 국악에 대한 상식을 쌓아 나갔고, 불세출 단원이 출연하는 거의 모든 공연에 회원들이 참여하는 방식을 통해 불세출 음악에 대한 이해를 넓히는 동시에 단원과 후원회원 사이의 친분을 돈독하게 하는 시간을 거쳤다.

---

1 5월 21일 공연에는 여덟 명의 단원 중 전우석, 박제헌, 김진욱, 이준, 김용하가 참가했다.

2016년 8월 말에는 후원회와 불세출이 합동 행사로 2박 3일 간 워크숍을 함양일두 고택에서 실시했다. 워크숍은 주간 문화 행사 및 함양 일대 명승지 답사와 저녁시간 일몰 후 불세출의 공연 참여로 진행되었다.

2017년 10주년을 맞이해서, 불세출과 불나비는 기념 이벤트를 진행하기로 결정했다. 여러 행사들이 기획되었는데, 그 첫 작업이 불세출 소개 출판물인『불세출, 그 첫 10년의 생존기』발간이다. 6개월이 넘는 작업 기간 동안 단원마다 설문지를 바탕으로 개별 인터뷰를 진행했으며, 10년 간의 활동을 회고하는 좌담회는 음악평론가 송현민의 주도로 진행되기도 했다.

2017년 하반기에는 10주년 기념 공연이 개최될 예정이기도 하다.

10주년 기념 이벤트와는 별도로, 불세출과 불나비가 공동으로 진행하는 정규 행사로서 전통 우리악기에 가장 적합한 연주 환경인 전통가옥에서 펼쳐지는 정기 연주회가 경남 함양 일두고택[2]에서 진행될 예정이다.

불나비는 후원회라는 새로운 형식으로 연주자와 청중들이 만나는 새로운 모델의 전통음악 향유 형식을 제시해서, 연주자들로 하여금 본업인 예술 활동 자체에 집중할 수 있는 환경을 제공하고, 후원회원들에게서 보다 풍부한 문화생활을 영위할 수 있는 계기가 마련되도록 노력할 것이다.

---

2 불나비의 총무는 함양 일두 고택 종손과 친인척 관계로 행사 기획에 유리한 조건을 갖추고 있다.

우주 최고 실력자 ~
불세출의 이준 !!!!
불세출 후원회 "불나비"
미술 속 도시
도시 속 미술
THE CITY IN ART, ART IN THE CITY
2016. 10. 5. – 11. 23
동아시아의 우호가게
서승의 역사·인문 기행 출판기념회
2016년 11월 10일(목) 18:30 ~ 21:00 대한출판문화협회 4층 강당

아름다운 청년들, 불세출 !
2016년 9월 9일
불세출 후원회 "불나비"
국립고궁박물관
문화가 있는 날 무대행사
큐레이터와
함께하는
음악데이트
2017. 1. 25 수
12:20~13:50